Skelett eines
Turmfalken

Weißbauch-
seeadler

Kaffernadler

Sehen · Staunen · Wissen

Turmfalke

Schopfkarakara

GREIFVÖGEL & EULEN

Jäger der Lüfte

Text von Jemima Parry-Jones
Fotos von Frank Greenaway

Würgfalke

Weißkopfseeadler

Gerstenberg Verlag

Afrikanischer
Habichtsadler

Wanderfalke

Die Deutsche Bibliothek – CIP-Einheitsaufnahme

Greifvögel & Eulen : Jäger der Lüfte / Text von
Jemima Parry-Jones. Fotos von Frank Greenaway.
[Aus dem Engl. von Margot Wilhelmi]. –
Hildesheim : Gerstenberg, 1997
(Sehen, Staunen, Wissen)
Einheitssacht.: Eagle <dt.>
ISBN 3-8067-4486-6 Pp.

Ein Dorling-Kindersley-Buch
Originaltitel: Eyewitness Guides: Eagle

Lektorat: David Pickering, Julie Ferris, Gill Denton
Layout und Gestaltung: Kati Poynor,
Julia Harris, Nicola Studdart
Herstellung: Charlotte Traill
Bildrecherche: Rachel Leach
Fachliche Beratung: Colin Shawyer

Gesetzt nach den ab 1998 gültigen Rechtschreibregeln

Aus dem Englischen von Margot Wilhelmi, Sulingen
Redaktionelle Bearbeitung der deutschsprachigen
Ausgabe von Eva Schweikart, Mannheim

Satz: Gerstenberg Druck GmbH, Hildesheim
Printed in Singapore
ISBN 3-8067-4486-6

Schmutzgeier

Fuß eines Keil-
schwanzadlers

Höhlenweihe

Weißrückengeier

Inhalt

Raubadler

Räuber der Lüfte

Die Fähigkeit lebende Beute zu schlagen ist bei Greifvögeln und Eulen zur Perfektion entwickelt. Mächtige Schwingen, Hakenschnäbel und Füße (Fänge) mit tödlichen Klauen kennzeichnen diese großen Beutegreifer. „Raubvögel“ werden die aus verschiedenen Verwandtschaftsgruppen stammenden Jäger der Lüfte heute nicht mehr genannt: In diesem Buch sind sie zusammenfassend als Greife bezeichnet. In alten Mythen und Sagen tritt der Vogel Greif, ein Fabelwesen mit Löwenkörper, Klauenfüßen, Adlerkopf und Flügeln, als Helfer und Retter der Menschen auf. Heute sind zahlreiche Greifarten auf Grund menschlicher Eingriffe in die Natur vom Aussterben bedroht.

FEINSCHMECKER
Manche Greifvögel fressen fast alles, andere sind Nahrungsspezialisten. Der Schneckenweih aus Florida frisst ausschließlich Sumpfdeckelschnecken. Mit seinem langen, gebogenen Schnabel zieht er die Schnecken aus ihrem Haus.

Für die Landung sind Handschwingen und Schwanzfedern ausgebreitet.

Stoß (Schwanz) zum Lenken, Gleiten und Bremsen

Die großen Geier brechen mit ihren kräftigen Schnäbeln Tierkadaver auf.

Die Füße des Weißrückengeiers sind wie bei allen Geiern nicht sehr kräftig: Sie fangen damit keine Beute.

SPEZIALISTEN FÜR AAS
Nicht alle Greifvögel jagen und töten ihre Beute. Geier sind Aasfresser: Sie ernähren sich von Tierkadavern. Auch andere Greifvögel fressen gelegentlich Aas, Geier aber sind darauf spezialisiert. Hoch in der Luft segelnd legen sie auf der Suche nach toten Tieren weite Strecken zurück. Am Fressplatz herrscht eine strenge Rangordnung: Die großen Geier kommen zuerst an die Reihe.

SYMBOL
Bei vielen Völkern stehen Greifvögel für das, was man besonders achtet: Götter, Freiheit, die Sonne, den König. Viele Nationen, Herrscher und Armeen wählten Greifvögel als Wappentiere (hier ein französisches Feldzeichen, um 1800).

JÄGER
Greifvögel sind perfekte Jäger. Dieser Steppenadler zeigt die typischen Greifvogelmerkmale: Er ist ein ausgezeichneter Flieger und hat Greifvogelfüße und Hakenschnabel. Ihre Stellung an der Spitze der Nahrungspyramide macht Greife besonders empfindlich für Umweltgifte: Mit jedem Beutetier, das sie fressen, nehmen sie etwas von dem Schadstoff auf, der sich dann in ihrem Körper anreichert. Umweltschäden wirken sich daher rasch auf sie aus.

Die Handschwingen sind so eingestellt, dass sie besonders viel Auftrieb erzeugen (S. 16–17).

Die kraftvollen, gebogenen Klauen dienen zum Ergreifen und Töten der Beute.

Wie Greifvögel fressen auch Raben Fleisch.

FLEISCHFRESSER
Viele Fleisch fressende Vögel gehören nicht zu den Greifvögeln. Elstern zum Beispiel jagen und töten kleinere Vögel. Raben, die wie die Elstern zu den Singvögeln zählen, haben fast den gleichen Speiseplan wie der Mäusebussard. Mit ihren kräftigen Schnäbeln erlegen sie kleine Kaninchen und gelegentlich sogar ein Lamm. Anders als der Bussard benutzen sie dabei ihre Füße kaum.

Weibliche Merline sind wie bei Falken üblich um ein Drittel schwerer als Männchen (Terzel).

Manche Greifvogelmännchen sind auffälliger gefärbt als die Weibchen.

GRÖSSEN-UNTERSCHIEDE
Bei Greifvögeln sind häufig die Weibchen größer als die Männchen. Am auffälligsten ist der Unterschied bei den Sperbern: Das Weibchen ist doppelt so groß wie das Männchen. Bei Geiern sind die Geschlechter gleich groß, beim Kondor ist das Männchen größer als das Weibchen.

Verwandtschaft

Greife sind auf allen Kontinenten – mit Ausnahme der Antarktis – vertreten. Es gibt fast 300 Arten von Taggreifen und ungefähr 150 Arten von Nachtgreifen (Eulen). Jede Art spielt ihre eigene Rolle im jeweiligen Ökosystem. Man teilt die Greife heute in vier verschiedene Ordnungen (O) ein: Nah verwandt sind die Ordnungen der eigentlichen Greifvögel und der Falken, während Neuweltgeier zur entfernteren Verwandtschaft gehören und Eulen eine lange, eigenständige Entwicklung hinter sich haben. Die Ordnungen wiederum sind in Familien (F) unterteilt. Für alle Gruppen und für die einzelnen Arten gibt es international verbindliche lateinische Namen. Diese wissenschaftlichen Artnamen stehen im Register auf Seite 60.

Der Rabengeier hält im Flug Ausschau nach Aas.

Der Königsgeier zählt zu den Neuweltgeiern, die (wie Störche) zwecks Kühlung ihre Beine bekoten.

FISCHADLER

Der Fischadler steht in einer eigenen Familie. Er ist auf den Fischfang spezialisiert und taucht als einziger Greifvogel ins Wasser. Nur ausnahmsweise frisst er etwas anderes als Fisch. Er ist ein „Kosmopolit", d.h. man findet ihn überall auf der Welt an Seen, Flüssen und Meeresküsten.

O: *Accipitriformes*
F: *Pandionidae*
Fischadler

Fischadler

SEKRETÄR

Der afrikanische Sekretär ist eine isolierte Art. Er bildet eine eigene Unterordnung. Der Sekretär hat längere Beine als andere Greifvögel und erreicht 1,20 m Körperhöhe. Er jagt zu Fuß und erdolcht Schlangen mit seiner Hinterzehenklaue.

O: *Accipitriformes*
F: *Sagittariidae*
Sekretär

Sekretär

Fliegender Bengalenuhu

Brillenkauz: Sein Name beruht auf der Gesichtszeichnung.

Küken des Perseruhus

EULEN – GREIFE DER NACHT

Eulen sind meist nacht- oder dämmerungsaktiv. Sie können gerade in der Nacht sehr gut sehen. Ihr Gehör ist hervorragend, ihr Flug geräuschlos. Ihre Jagdtechnik beruht mehr auf Tarnung als auf Geschwindigkeit. Man unterscheidet zwei Familien: Die Schleiereulen (S.49) mit neun Arten und die übrigen Eulen.

O: *Strigiformes*
Eulen

Eule

NEUWELTGEIER

Die Neuweltgeier besetzen in Amerika die gleiche ökologische Nische wie die Altweltgeier in der übrigen Welt: Sie leben von Aas. Obwohl sie den Geiern sehr stark ähneln, sind die Neuweltgeier näher mit Störchen als mit Greifvögeln verwandt. Die Ähnlichkeit mit den Geiern beruht auf Anpassungen an die gleiche Lebensweise. Man stellt die sieben Arten der Neuweltgeier deshalb in eine eigene Ordnung.

Der Andenkondor ist der größte Greif.

Der Truthahngeier riecht als einziger Greif seine Nahrung.

O: *Cathartiformes*
Neuweltgeier

Kondor

Falken wie dieser Lanner haben lange, schmale Flügel.

Buntfalken und andere Turmfalken beherrschen den Rüttelflug.

Die großen Falken wie der Wanderfalke sind im Jagdflug die schnellsten Vögel der Welt.

Karakaras sind die einzigen Falken, die Nester bauen und am Boden jagen.

DIE FALKEN

Die Ordnung der Falken besteht aus zwei Familien: den weltweit verbreiteten *Falconidae* (insgesamt 52 Arten mit den eigentlichen Falken, den Waldfalken und den Zwergfalken) und den Geierfalken aus der Neuen Welt (neun Arten). Der kleinste Greifvogel der Welt ist das Weißscheitelfälkchen, ein Zwergfalke.

Fuß (Fang) des afrikanischen Kaffernadlers

Die großen Greifvögel haben sehr kräftige Füße.

Die afrikanische Höhlenweihe ähnelt einer Weihe und einem Habicht.

Der hechelnde Schmutzgeier zeigt seine Greifenzunge.

Das Greifvogelauge hat eine bis zu sechsmal höhere Auflösung als unser Auge.

Schnabel mit nach unten gebogener Reißhakenspitze und scharfen Schneidekanten

Mit seinen breiten Flügeln kann der Weißkopfseeadler Kraft sparend segeln.

EIGENTLICHE GREIFVÖGEL

Sie stellen mit 226 Arten die größte Gruppe: Habichte, Adler, Bussarde, Milane, Altweltgeier und Weihen bilden eine Familie. Ihre Verwandtschaft zeigt sich in ähnlichen Eiern und Zungen sowie im gleichen Mausermuster. Alle bauen Nester und greifen ihre Beute mit den Fängen. Sie spritzen ihren Kot fort, Falken lassen ihn fallen. Meist haben sie eine Knochenleiste über dem Auge.

O: *Falconiformes*
Falken

Turmfalke

O: *Accipitriformes*
Eigentliche Greifvögel

Habicht Milan Bussard Steinadler

Eier und Nester

Ei des Weißkopf-
seeadlers

Die Brutsaison beginnt mit der Balz. Das Männchen vollführt Balzflüge, um ein Weibchen auf sich aufmerksam zu machen. Zeigt sie Interesse, füttert er sie. Viele Greifvogelpaare bleiben ein Leben lang zusammen, dennoch balzen sie in jedem Frühjahr. Nach der Balz bauen die Paare einen Horst oder bessern den alten aus. Meist verteidigen sie ein Revier und sichern so die Nahrungsgrundlage für den Nachwuchs. Manche Arten, so einige Milane und Geier, brüten in Kolonien. Die kleinsten Greifvögel bebrüten ihre Eier 28 Tage lang, bis die Jungen schlüpfen, bei den größten Arten dauert es 54 Tage. Meist brütet nur das Weibchen. Das Männchen sorgt so lange für Nahrung, bis die Jungvögel allein gelassen werden können.

Ei des Habichts-
kauzes

Ei des Wanderfalken

Ei des Halsbandzwergfalken

ALLE FORMEN UND GRÖSSEN
Diese in natürlicher Größe abgebildeten Eier vermitteln eine Vorstellung von der Vielfalt der Greifeneier. Euleneier sind rund. Kondore und große Geier legen nur ein Ei, die meisten Adler zwei oder drei. Kleinere Vögel wie der Turmfalke legen ca. sechs Eier, nur wenige Arten, z.B. die Schneeeule, bis zu vierzehn.

Bussardhorst mit Gelege

FAMILIENGRÜNDUNG
Gewöhnlich baut das Paar seinen Horst gemeinsam. Habichtterzel aber bauen mehrere Nester. Das Weibchen wählt eines aus und legt darin die Eier ab. Greifvogelhorste befinden sich meist auf hohen Bäumen oder an Felsen. Nur wenige Greife wie Weihen und Karakaras bauen ihr Nest am Boden.

Beim Kaffernadler tötet das ältere Junge stets das jüngere, trotz ausreichender Nahrung für beide.

ÜBERLEBENSKAMPF
Adler haben meist zwei Junge, oft überlebt nur eines. Wenn die Nahrung knapp wird, tötet der größere den kleineren Nestling. Bei manchen Adlern ist dies immer so. Die Jungen kleinerer Greife bekämpfen sich nicht, konkurrieren aber um Nahrung. Wird sie knapp, stirbt das Schwächste.

Größere Äste liegen zuunterst in einer Astgabel, darüber Zweige und oben Blätter.

BAUMEISTER
Weißkopfseeadler (rechts) kehren Jahr für Jahr zum selben Horst zurück und erweitern ihn. In Florida fand man einen Horst von 2,9 m Durchmesser, 6 m Höhe und einem Gewicht von 2 t.

JEDES (ZWEITE) JAHR
Beim Fischadler (links) dauert die Brutsaison neun Monate – von der Balz bis die Jungen unabhängig sind. Das entspricht dem Durchschnitt. Die meisten Greife brüten jedes Jahr. Manche große Arten kümmern sich länger als ein Jahr um den Nachwuchs, sodass sie nur alle zwei Jahre brüten.

GEFÄHRDETES LEBEN
Die Embryonen entwickeln sich im Ei. Darin befindet sich – meist am stumpfen Ende – eine Luftkammer (rechts). Wenn Umweltgifte wie DDT in die Nahrungskette gelangen, können die Embryonen sterben, die Eier unfruchtbar oder die Schale zu dünn werden.

Greifvogeleier wie dieses Habichtei sind innen blass blaugrün gefärbt.

1 Erste Risse im Ei

2 Mit einer heftigen Bewegung befreit sich der Jungvogel.

3 Frisch geschlüpfte Jungvögel fressen erst nach ein paar Stunden Ruhe.

EINE SCHLEIEREULE SCHLÜPFT
Wenn die Entwicklung des Embryos abgeschlossen ist, dreht sich der Jungvogel um die eigene Achse und bricht die Eikappe mit seinem Eizahn am Oberschnabel an. Mit Pieptönen meldet er sich bei seinen Eltern an. Dann sprengt er die Eikappe ab. Der Schlüpfvorgang kann mehrere Tage dauern.

ALTBAUWOHNUNG
Diese jungen Turmfalken sitzen in einem Bussardhorst. Eulen, Falken und Neuweltgeier bauen kein eigenes Nest. Manchmal übernehmen sie einen alten Horst, häufiger jedoch kratzen sie an einem geschützten Ort eine Mulde. Sie nisten an Felsen, in alten Scheunen und sogar an Mauervorsprüngen von Hochhäusern. Eulen brüten auch in hohlen Bäumen.

Zwei Tage alter Rabengeier

Ein Greif wächst heran

Kleine Greife wachsen rasch heran und bringen so die gefährlichste Zeit ihres Lebens schnell hinter sich. In den ersten Wochen fressen, schlafen und wachsen sie nur. Junge Sperber sind mit 26 Tagen flügge und nach weiteren vier Wochen können sie Beute schlagen. Größere Vögel brauchen länger, doch selbst Steinadler sind nach zweieinhalb Monaten flügge und drei Monate später selbstständig. In den gemäßigten Zonen muss die Entwicklung bis zum Winter abgeschlossen sein, weil dann die Nahrung knapp wird. Nur bei wenigen sehr großen Vögeln in warmen Ländern wie dem Kampfadler und dem Andenkondor dauert die Entwicklung noch länger.

2 Wochen

3 Wochen

6 Wochen

8 Wochen

10 Wochen

1 Mit zwei Wochen wiegt die kleine Schleiereule achtmal mehr als beim Schlüpfen (S.13). Damals wog sie 12–14 g, jetzt über 100 g.

2 Die ersten Wochen verbringt der Jungvogel sitzend im Nest. Er hat jetzt sein zweites, dichteres Daunenkleid und kann seine Körpertemperatur selbst regulieren.

3 Die Federn brechen durch die Haut und der Gesichtsschleier erscheint.

4 Fast vollständig befiedert übt die Eule Sprünge und Flügelschlag im Nest, um die Muskeln zu stärken. In einer Woche kann sie fliegen.

5 Die Eule ist fast ausgewachsen und lernt das Jagen. Sie ist noch einige Wochen auf ihre Eltern angewiesen, wird aber immer selbstständiger.

Im Gegensatz zu Eulen können Greifvögel gleich nach dem Schlüpfen sehen und Fleisch fressen.

Eizahn (S.13)

Das Küken bettelt mit offenem Schnabel um Nahrung.

Die Daunen reichen als Wärmeisolation nicht aus.

1 ZWEI TAGE ALTER WANDERFALKE
Mit zwei Tagen müssen alle kleinen Greife noch von der Mutter gewärmt werden. Von Anfang an fressen sie Fleisch. Die Eltern reißen kleine Stücke für die Kleinen ab, bis sie es selbst können.

2 ZWÖLF TAGE ALTER WANDERFALKE
Mit zwölf Tagen hat der Wanderfalke ein dichtes, weißes Daunenkleid. Er kann nun seine Körpertemperatur selbst aufrechterhalten. Beide Eltern jagen um den wachsenden Hunger der Nestlinge zu stillen. Sie können täglich mehr als die Hälfte ihres Gewichts an Nahrung zu sich nehmen.

Die Jungvögel bleiben noch in Nestnähe und lassen sich füttern.

Die Federn des Jugendkleids haben hellbraune Ränder.

3 SIEBEN WOCHEN ALTER WANDERFALKE
Mit sieben Wochen ist der Wanderfalke fast erwachsen. Man bezeichnet ihn als Jungvogel, bis er das Erwachsenengefieder trägt. Wenn er jetzt nicht schnell jagen lernt, verhungert er. Bei Nahrungsmangel können über die Hälfte der jungen Greife im ersten Jahr sterben. In den gemäßigten Zonen sterben die meisten im Winter.

4 JUGENDKLEID
Die meisten jungen Greifvögel sind anders gefärbt als ihre Eltern. So können sie in den Revieren der Brutpaare jagen, die erwachsene Vögel sofort vertreiben würden. Die Jungvögel stellen für sie keine Bedrohung dar, bis sie geschlechtsreif sind.

Bei jungen Wanderfalken (hier ein Jährling) ist die Brust längs gestreift.

Die Altvögel verlieren die hellbraunen Federränder. Ihre Schultern sind einheitlich grau.

Die Brust der erwachsenen Vögel ist gebändert.

Bald ist der Schnabel kräftig genug, um Fleischstücke abzureißen.

Die Füße sind noch weich und schwach. Die Jungvögel verbringen die ersten Wochen sitzend.

5 ERWACHSENER WANDERFALKE
Manche Vögel, z.B. Turmfalken, sind schon im ersten Jahr geschlechtsreif, andere wie die Wanderfalken nach drei oder vier Jahren. Sehr große Vögel brüten erst, wenn sie sechs bis sieben Jahre alt sind. Diese Greife tragen vor dem Alterskleid ein oder mehrere Übergangskleider.

Charakteristisches Eulenohr: ein langer, schmaler Schlitz

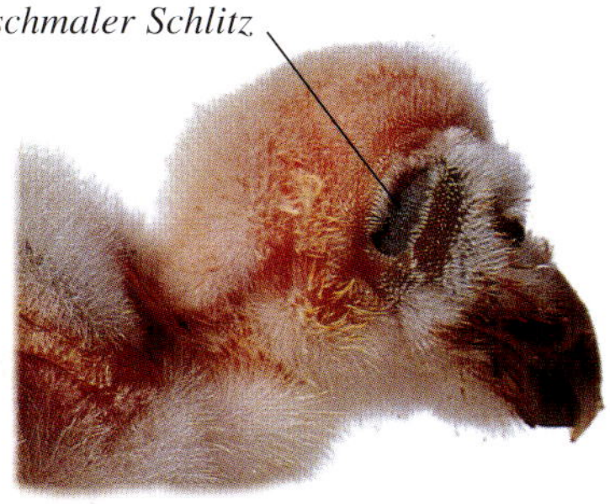

EULENOHR
Eulen haben größere Ohren als andere Greife (S.51). Bei diesem zwei Tage alten Küken kann man sie gut sehen. Vor allem das Richtungshören ist bei Eulen gut ausgeprägt. Vögel besitzen nur ein Gehörknöchelchen, Säuger drei.

Wie Greife fliegen

Ein Flugzeug hat einen Motor, der über Propeller oder Düsen den Vortrieb erzeugt, sowie Tragflächen für den Auftrieb. Greifvogelflügel dienen sowohl dem Vor- als auch dem Auftrieb. Beim Schlagflug sorgt vor allem der körpernahe Armflügel für den Auftrieb, während der Handflügel bewirkt, dass der Vogel vorwärts fliegt. Mit ihrer jeweils besonderen Form gewährleisten die Flugfedern (S.21) die richtige Luftströmung um den Flügel. Der Schwanz dient als Steuerruder und zum Bremsen: Er bewegt sich ständig, wenn der Vogel durch unterschiedliche Luftströmungen fliegt. Um für eine Landung abzubremsen oder eine enge Kurve zu fliegen, breitet der Vogel die Schwanzfedern aus. Mit ihren Flügelformen sind die Greife an verschiedene Jagdtechniken in ihrem jeweiligen Lebensraum angepasst.

Gerundete Habichtflügel

Sperber

JÄGER IM WALD
Habichte (S.40–41) haben einen relativ langen Schwanz, der ihnen schnelle Flugmanöver ermöglicht. Die kurzen, gerundeten Flügel verleihen dem Habicht eine hohe Anfangsgeschwindigkeit. So kann er in seinem bewaldeten Lebensraum überraschend und schnell seine Beute ergreifen.

Die Handschwingen sind in Startposition nach oben gehoben.

Der Schwanz ist als Höhenruder nach oben gestellt.

Mit seinen kräftigen Beinen drückt sich der Vogel ab.

Die großen Brustmuskeln erzeugen die Kraft für den Flug.

Die Beine schwingen zunächst mit und werden dann angelegt.

Die Schwanzfedern sind beim Geradeausflug zusammengelegt, zum Steuern aufgefächert und abgewinkelt.

GERFALKE
Der arktische Gerfalke ist der größte und einer der schnellsten Falken (S.58). Obwohl Falken auch segeln, sind ihre langen, spitz zulaufenden Flügel nicht so sehr an den Gleitflug angepasst, sondern vor allem für schnelles Fliegen geeignet. Die schmalen Flügel verringern den Luftwiderstand, allerdings auch die Wendigkeit des Vogels. Falken jagen mehr über der offenen Landschaft als im Wald.

Spitz zulaufende Falkenflügel

Die volle Schwanzfläche unterstützt den Segelflug.

Die aufgefingerten Handschwingen sorgen für eine günstige Umströmung an der Flügelspitze.

IN DER LUFT HÄNGEN

Adler wie dieser Kaffernadler sind typische Gleitflieger. Sie sind nicht in der Lage größere Strecken im Schlagflug zu überwinden. Von warmen Aufwinden lassen sie sich weit emportragen und suchen dann aus luftiger Höhe nach Beute. Die meisten großen Adler und Geier leben im Gebirge oder an der Küste, wo es genügend Luftströmungen zum Segeln gibt, oder in heißen Ländern mit Wärmeaufwinden.

Der Armflügel dient vor allem als Tragfläche.

Die Randdecken schützen den Vorderrand des Flügels.

START EINES STEPPENADLERS

Beim Start hebt der Adler seine Flügel nach hinten hoch. Dann stößt er sich mit den Beinen ab und schlägt die Flügel nach vorn herunter. Vor allem die vorderen Handschwingen sorgen nun für Vor- und Auftrieb. Beim Aufschlag knicken die Handschwingen ein und öffnen sich, sodass der Luftwiderstand verringert wird. Nun halten die Armschwingen den Vogel in der Luft.

Zum Segeln wird der Daumenfittich angelegt.

Wenn der Vogel zur Landung abbremst, spreizt er seine Daumenfittiche ab.

Auf großen Tragflächen kann der Kondor stundenlang dahingleiten, ohne mit den Flügeln zu schlagen.

Große Vögel benutzen auch Beine und Füße zum Bremsen.

SEGELFLIEGER

Der Kondor hat gewaltige Flügel. Mit ihnen kann er stundenlang auf der Suche nach toten Tieren im Aufwind segeln. Mit vollem Magen oder in ebenem Gelände hat er allerdings Startschwierigkeiten. In der Ebene muss er Anlauf nehmen, damit er starten kann. In seiner gebirgigen Heimat, den Anden, allerdings öffnet er nur seine Flügel und hebt von einer Felskante ab. Der Wind trägt ihn dann in die Lüfte empor.

LANDEANFLUG

Dieser Rotschwanzbussard landet gerade. Sein Körper steht fast senkrecht (und nicht mehr waagerecht wie im Flug). Flügel und Schwanzfedern sind ausgebreitet und bremsen den Flug ab. An der Flügelvorderkante sind die Daumenfittiche abgespreizt. Sie dienen als Vorflügel und alle Vögel haben sie. Sie bewirken, dass die Luft schnell um den Flügel strömt und so einen Absturz verhindert. Die Landeklappen der Flugzeuge funktionieren ähnlich, wenngleich nicht so perfekt.

Fortsetzung auf der nächsten Seite

Fortsetzung von Seite 17

Flugdisziplinen

Greifvogelflügel lassen sich in drei Grundformen einteilen. Falken haben lange, schmale, spitz zulaufende Flügel für den schnellen Geradeausflug. Habichte und andere Waldgreife haben kurze, gerundete Flügel, mit denen sie schnell starten und rasch die Richtung wechseln können. Bei Richtungsänderungen und schnellem Bremsen hilft zudem der Schwanz. Geier und andere große Greife haben lange, breite Schwingen. Damit können sie hervorragend segeln, sind aber nicht so schnell und wendig wie andere Greife.

VERLIEBTE ADLER
Manche Vögel vollführen sehr auffällige Balzflüge. Weißkopfseeadler greifen einander bei den Füßen, taumeln zusammen abwärts und lassen sich wieder los. Manche Beobachter meinen, dass sie mit diesem Verhalten ihr Revier markieren und andere Adler vertreiben. So werden sie lästige Nahrungskonkurrenten los, noch bevor sie Junge aufziehen.

SENKRECHTSTARTER
Karakaras sind mit den Falken verwandt, können aber nicht so schnell fliegen. Allerdings sind sie viel wendiger. Sie können sogar senkrecht nach oben fliegen, um z.B. ein Insekt zu fangen, das sie beim Wühlen am Boden aufgescheucht haben. Sie verbringen viel Zeit am Boden und suchen dort nach Fressbarem.

SEGELN IM WIND
Voraussetzung für den Segelflug sind Wärmeaufwinde. Sie entstehen, wenn sich Boden und untere Luftschichten erwärmen. Die warme Luft steigt auf. Von einem solchen Aufwind lässt sich der Greif emportragen. Aufwinde sind für den Jagdflug und besonders für den Vogelzug (S.56) wichtig, weil der Vogel so Energie sparend fliegen kann. Greifvögel nutzen auch die Aufwinde, die an Küsten und Berghängen entstehen.

Beim Rüttelflug schlagen die Flügel schnell und der Schwanz ist gespreizt.

Turmfalken haben einen sehr beweglichen Hals; sie können den Kopf still halten, während sich der Körper bewegt.

Die Handschwingen leisten die meiste Arbeit.

Der Turmfalke hat im Verhältnis zu seiner Größe einen längeren Schwanz als andere Falken.

HUBSCHRAUBERVOGEL

Turmfalken beherrschen den Rüttelflug perfekt, doch auch Bussarde und Schneeeulen rütteln gelegentlich. Sie fliegen dabei mit der gleichen Geschwindigkeit wie der Wind gegen den Wind, sodass sie an einer Stelle in der Luft stehen. Auf diese Weise können sie über offenem Gelände ohne Ansitzmöglichkeit nach Beute suchen.

Mit ausgebreiteten Flügeln geht es nach oben.

BERG- UND TALBAHN

Manche Greifvögel fliegen beim Balzflug hoch empor, legen die Flügel an, stürzen wie ein Stein nach unten, breiten die Flügel wieder aus, bremsen ab und steigen erneut auf, um dann wieder abzutauchen. Mit diesem Flug locken sie nicht nur Weibchen an, sondern signalisieren zugleich möglichen Rivalen ihren Revieranspruch.

Entwurf für ein Fluggerät von Leonardo da Vinci

EIN ALTER TRAUM

Seit jeher möchten die Menschen wie Vögel fliegen. Aber selbst wenn wir Flügel hätten, wären unsere Muskeln viel zu schwach. Man hat berechnet, dass wir 2 m dicke Brustmuskeln haben müssten, um fliegen zu können.

Der Kopf ist bei der Landung nach vorn gestreckt.

Die Handschwingen sind zur Landung ausgespreizt und abgewinkelt.

Die Armschwingen sorgen weiterhin für Auftrieb.

Ausgestreckte Beine

Die meisten Vögel haben fünf bis sechs Paare von Steuerfedern, Geier als extreme Segelflieger sieben.

LANDUNG

Viele Vögel unterfliegen ihr Landeziel und bremsen durch einen Steigflug kurz vor der Landung ab. Schwere, schnell fliegende Vögel müssen vor der Landung viel Bewegungsenergie abbauen. Sie tun dies durch Bremsflügelschläge, steile Flügelstellung und Spreizen des Schwanzes. Kopf und Beine sind nach vorn gestreckt und dem Landeziel zugewandt.

Flügel und Federn

Vögel sind die einzigen Tiere mit Federn. Federn haben zwei Aufgaben: Sie bilden die Tragflächen zum Fliegen und schützen vor Wärmeverlust. Wie die Schuppen der Reptilien oder unsere Haare und Fingernägel bestehen Federn aus dem Fasereiweiß Keratin. Vögel haben unterschiedliche Arten von Federn. Äußerlich sichtbar sind meist nur die Konturfedern. Das Großgefieder besteht aus den Schwungfedern der Flügel und den Steuerfedern des Schwanzes. Die weichen Daunen darunter halten den Vogel warm. Andere Federn haben zum Teil sehr spezielle Aufgaben: Fadendaunen kontrollieren die Lage der großen Federn, Borstenfedern an Augen oder Schnabelgrund dienen zum Tasten.

Bussard (Rückenansicht)

FEDERBAU
Federn haben einen Schaft und zwei Fahnen. Am Schaft sitzen Äste mit Haken- und Bogenstrahlen. Die Hakenstrahlen des einen Asts verhaken sich in den Bogenstrahlen des anderen. Bei der Gefiederpflege ordnen die Vögel mit dem Schnabel Haken- und Bogenstrahlen und ölen das Gefieder mit dem Sekret der Bürzeldrüse ein.

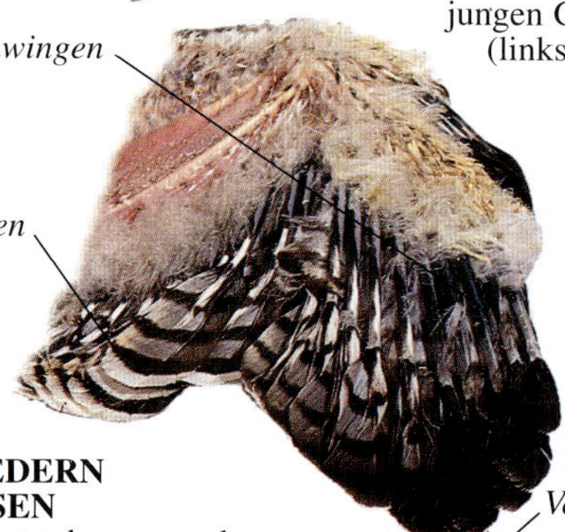

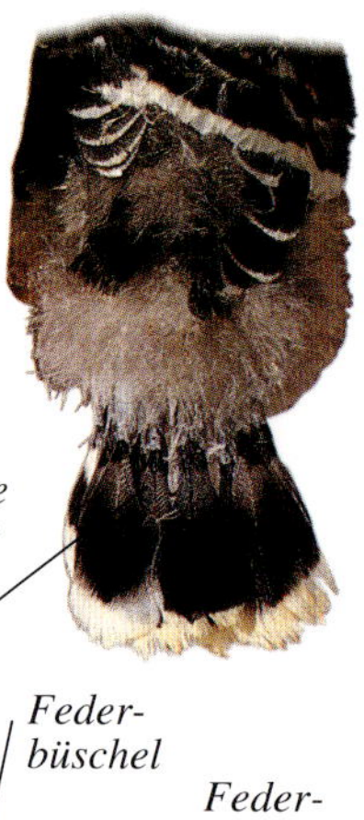

Wachsende Flügel- und Schwanzfedern eines jungen Gabar-Habichts (links und rechts)

Wachsende Federn werden durchblutet. Alte Federn sind wie unsere Haare tote Gebilde.

WIE FEDERN WACHSEN
Federn entstehen unter der Haut. Solange sie wachsen, werden sie durchblutet und von einer Scheide geschützt. Diese springt an der Spitze auf und gibt das Federbüschel frei. Schließlich verschwindet die Scheide und die Feder entfaltet sich.

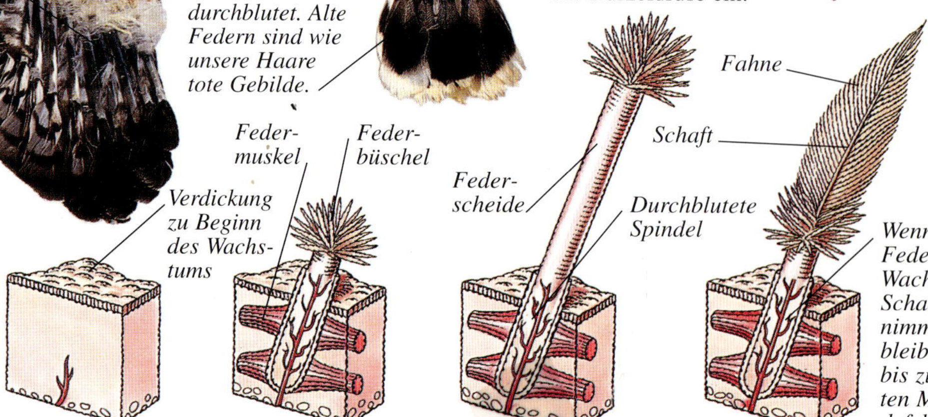

Wenn die Feder beim Wachsen Schaden nimmt, bleibt sie bis zur nächsten Mauser defekt.

KOPF UND SCHULTERN

Die Kopffedern sind meist klein und dachziegelartig angeordnet, die Hals- und Schulterfedern sind etwas länger. Den Wespenbussard schützen kleine, schuppenartige Federn im Gesicht vor Stichen, wenn er Wespenbrut frisst.

FEDERN MIT FUNKTION

Die Konturfedern geben als Kleingefieder dem Vogel seine äußere Form. Zum Fliegen benutzt er die Hand- und Armschwingen (S.17). Er hat 10 oder mehr Hand- und 10–25 Armschwingen. Durch ihre Form bewirken diese, dass der Flügel ständig von Luft umströmt ist und so einen Auftrieb erfährt. Auch der Daumenfittich (S.17) trägt hierzu bei.

DAUNENJACKE

Die Federn halten den Vogel warm. Bei Kälte plustert er sich auf, indem er die Federn aufstellt. Dadurch wird die isolierende Luftschicht dicker. Während der Brutzeit haben viele Vögel einen nackten Brutfleck. So können die Eier durch die warme Haut besser bebrütet werden.

STEUERFEDERN

Die meisten Greifvögel haben 12 Steuerfedern, Geier 14. Die abgebildeten Steuerfedern reichen von der winzigen Feder des Merlins bis zur riesigen des Kondors. Greife pflegen ihr Gefieder. Mit verschmutzten Federn können sie nicht fliegen und müssen verhungern.

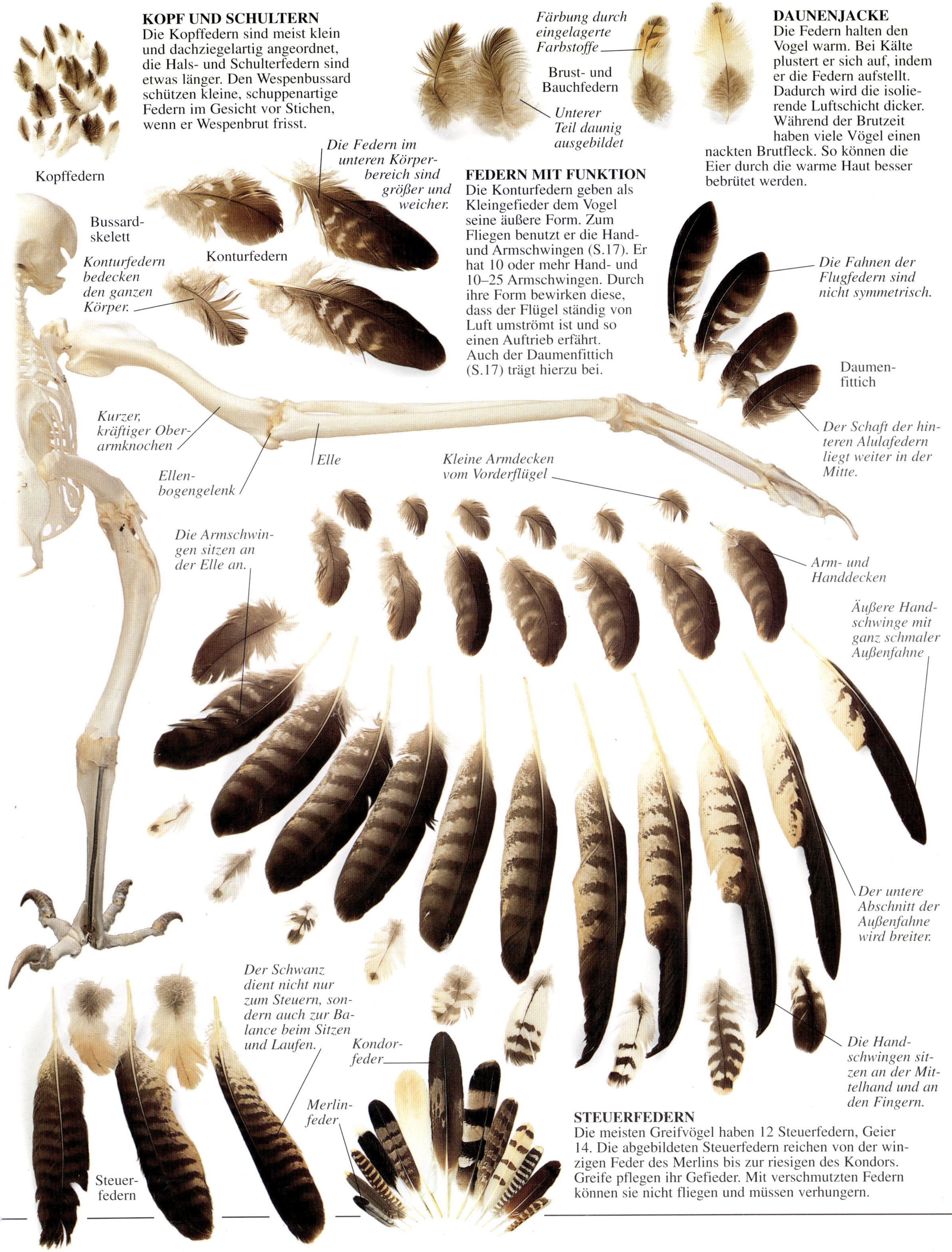

Körperbau eines Greifvogels

Unter Federn und Haut haben die Greife kräftige Muskeln, die am Skelett ansitzen. Das kompakte Skelett wiederum schützt die empfindlichen Organe für Atmung, Fortpflanzung und Verdauung. Vögel haben die am höchsten entwickelte Lunge unter den Wirbeltieren. Sie versorgt den Körper auch während des Flugs mit ausreichend Sauerstoff. Im Greifvogelmagen werden sogar Fischgräten und Knochen zersetzt. Die unverdaulichen Reste würgt der Greifvogel als Gewölle wieder aus. Wegen ihres hohen Energieverbrauchs können kleine Greife sehr schnell verhungern. Sie benötigen ständig Nahrung, um ihre hohe Körpertemperatur aufrechtzuerhalten, vor allem bei kaltem Wetter.

Skelett eines Steinadlers

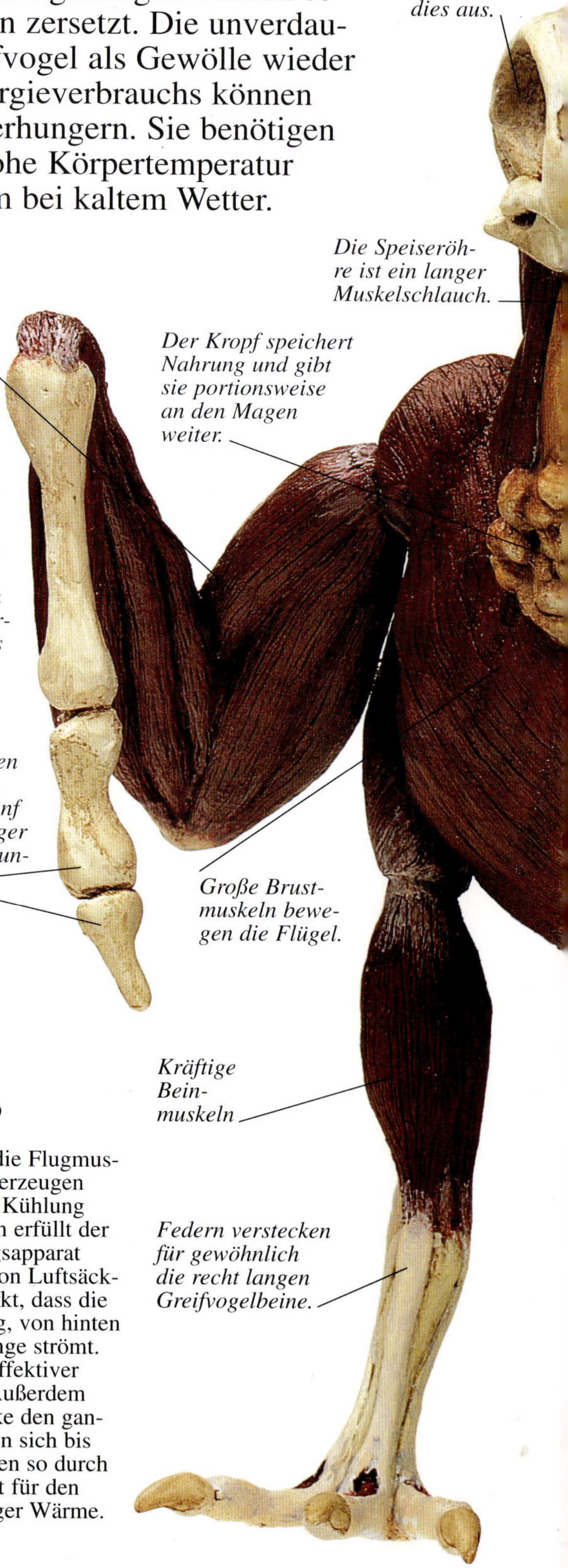

COOL BLEIBEN UND DURCHATMEN

Beim Fliegen brauchen die Flugmuskeln viel Sauerstoff und erzeugen viel Wärme, sodass eine Kühlung nötig ist. Beide Aufgaben erfüllt der hochentwickelte Atmungsapparat der Vögel. Ein System von Luftsäcken im Vogelkörper bewirkt, dass die Luft nur in eine Richtung, von hinten nach vorn, durch die Lunge strömt. So kann der Sauerstoff effektiver aufgenommen werden. Außerdem durchziehen die Luftsäcke den ganzen Körper; sie erstrecken sich bis in die Knochen und sorgen so durch die vorbeiströmende Luft für den Abtransport überschüssiger Wärme.

Die Rumpfwirbel sind miteinander verwachsen.

Der Vogelkörper ist sehr kompakt gebaut.

Das Modell hat eine etwas unnatürliche Haltung.

Muskelmodell eines Steinadlers (Seitenansicht)

SPEIBALLEN

Greife würgen fast jeden Tag ein Gewölle (Speiballen) mit unverdaulichen Nahrungsresten aus. Im Gegensatz zu Greifvögeln verdauen Eulen die Beuteknochen nicht, sondern würgen sie mit aus. An Hand der Knochen kann man die Beutetierarten bestimmen.

Falken und andere Greifvögel verdauen die Knochen der Beute.

Falkengewölle

MAHLZEIT!

Greifvögel speichern ihre Nahrung im Kropf (Eulen haben keinen Kropf.) Vom Kropf gelangt sie portionsweise in den Magen. Dort sammeln sich unverdauliche Teile wie Federn und Haare in Form von Ballen und werden am nächsten Tag als Gewölle ausgewürgt.

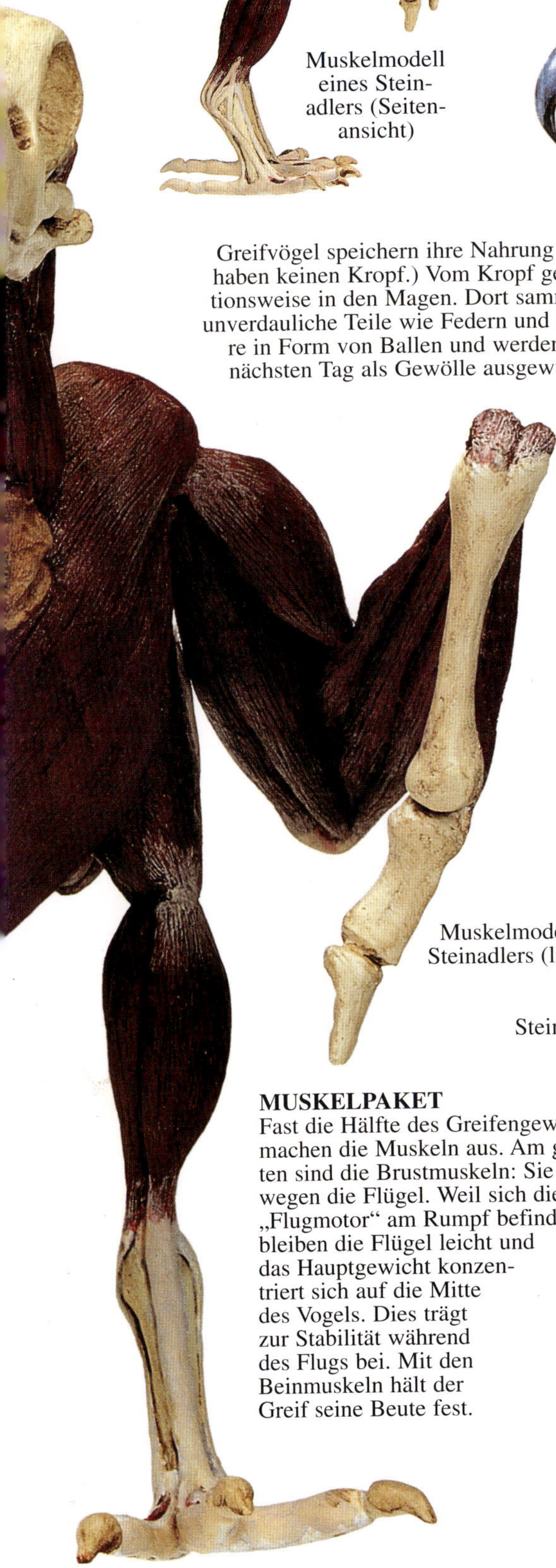

Muskelmodell eines Steinadlers (links)

Steinadler (rechts)

MUSKELPAKET

Fast die Hälfte des Greifengewichts machen die Muskeln aus. Am größten sind die Brustmuskeln: Sie bewegen die Flügel. Weil sich dieser „Flugmotor“ am Rumpf befindet, bleiben die Flügel leicht und das Hauptgewicht konzentriert sich auf die Mitte des Vogels. Dies trägt zur Stabilität während des Flugs bei. Mit den Beinmuskeln hält der Greif seine Beute fest.

Zeigt her eure Füße

KLAUEN UND ZEHEN
Die Vogelklauen entsprechen unseren Fußnägeln. Bei Adlerweibchen können die innere und die Hinterkralle die Größe unseres Daumens erreichen.

Die wichtigsten „Werkzeuge“ eines Greifs sind seine Füße. Ihre Form, Größe und Stärke zeigen, welche Beute der Vogel überwältigen kann. Der Rote Milan beispielsweise erreicht die Größe eines kleines Adlers, mit seinen kleinen Füßen kann er aber nur Frösche, Käfer und junge Kaninchen erlegen. Der Wanderfalke ist viel kleiner als ein Milan, hat aber große Füße und ergreift damit Vögel, die kaum kleiner sind als er selbst. Geier haben schwache Füße, denn ihre Nahrung (Aas) setzt sich nicht zur Wehr. Der afrikanische Kampfadler überwältigt junge Straußen und kleine Antilopen.

Die Flügel sind zur Landung eingestellt.

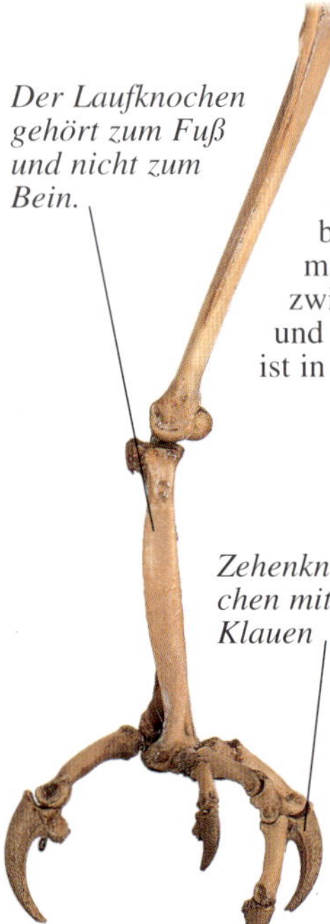

Der Laufknochen gehört zum Fuß und nicht zum Bein.

Zehenknochen mit Klauen

STEINADLERFUSS
Vögel laufen auf den Zehen. Der Vogelfuß federt das Gewicht bei der Landung ab und dient zum Absprung beim Start. Meist sieht man nur das Laufgelenk zwischen Unterschenkel und Laufknochen, das Knie ist in den Federn versteckt.

Falkenfüße sind groß, aber nicht sehr stark.

WÜRGFALKENFUSS
Falken stürzen sich oft mit großer Geschwindigkeit auf ihre Beute, die vom Aufprall bewusstlos oder getötet wird. Manchmal schlagen sie das Beutetier mit dem zusammengeballten Fuß k.o. Getötet wird es meist durch einen Biss.

GEFAHR IM VERZUG
Der Kaffernadler hat gewaltige Füße, mit denen er Klippschliefer, die kleinen Verwandten der großen Elefanten, packt. Klippschliefer sind etwa so groß wie ein Ferkel. Mit seinen Klauen kann der Adler sie von ihrem Wohnfelsen greifen.

RABENGEIERFUSS

Die Füße der Neuweltgeier erinnern eher an die eines Huhns; kräftig zupacken können sie damit nicht. Altweltgeier haben stärkere Füße, die aber immer noch schwächer sind als die anderer Greife.

Geierklauen sind nicht gebogen; sie dienen nicht zum Zupacken, sondern zum Laufen.

EULENFUSS

Die meisten Eulen mit Ausnahme der Fischjäger haben befiederte Zehen, um lautlos fliegen und landen zu können. Wie beim Fischadler ist die vierte Zehe der Eulen eine Wendezehe. Sie wird beim Ergreifen einer Beute oder eines Asts nach hinten gedreht. Bei den anderen Greifen zeigen immer drei Zehen nach vorn und eine nach hinten.

Weiches Gefieder hält den Eulenfuß warm und sorgt für einen lautlosen Flug.

In Ruhe zeigen beim Eulenfuß drei Zehen nach vorn und eine nach hinten.

Der Fuß ist größer als eine menschliche Hand.

SCHREISEEADLERFUSS

Besondere Schuppen am Fuß des Fischadlers und anderer Fischfänger verhindern, dass die schlüpfrige Beute entkommt. Die Läufe sind unbefiedert, sodass die Vögel nicht mit nassen Füßen umherfliegen müssen.

Klauen stärker gebogen als bei anderen Adlern

SPERBERBEIN

Sperber jagen kleine Vögel, die sie in der Luft greifen. Sie haben lange, dünne Beine und Zehen mit nadelspitzen Klauen zum Ergreifen ihrer kleinen, wendigen Beute. Greife, die wehrhaftere, größere Beute wie Kaninchen jagen, haben kürzere und kräftigere Beinknochen.

Kniegelenk

Laufgelenk

Lange, dünne Knochen erhöhen die Reichweite.

Vögel sitzen und laufen auf den Zehen, nicht auf dem ganzen Fuß.

Jagdtechnik

Adler mit erbeuteter Schlange

Viele Greifvögel, die im offenen Gelände jagen, kreisen hoch in der Luft und überblicken einen weiten Landschaftsausschnitt. Wenn sie eine Beute erspähen, stürzen sie auf sie herab. Adler schießen schnell zum Boden und ergreifen ihre Beute. Falken sind noch schneller; sie ergreifen die Beute in der Luft. Weihen jagen anders: Sie gaukeln in langsamem, niedrigem Flug dahin und schauen und horchen nach Beute. Auch Eulen nutzen diese Technik. Viele Greife, besonders in bewaldeten Gebieten und Siedlungen, sind Ansitzjäger: Sie lauern in einem Versteck und stürzen sich auf die Beute, wenn diese nahe genug herangekommen ist. Habichte z.B. fliegen dicht über dem Boden und nutzen jeden Baum und Strauch als Deckung. Einige wenige Greife wie Sekretäre und Karakaras jagen zu Fuß am Boden.

ANSITZJAGD
Bussarde wie dieser Rotschwanzbussard sind gute Ansitzjäger. Geduldig sitzt er auf seiner Warte und beobachtet ein Kaninchen, bis dieses sich so weit von seinem Bau entfernt, dass er erfolgreich zuschlagen kann. Auch Turmfalken jagen außerhalb der Brutzeit vom Ansitz, denn diese Jagdtechnik erfordert weniger Energie.

Der Ansitz muss versteckt sein. Viele Greife haben einen Lieblingsplatz.

Manche Greife wechseln beim Jagen von Ansitz zu Ansitz.

Die Nickhaut (S.30) reinigt die Hornhaut und schützt beim Jagdflug das Auge.

Die Klauen können sich tief in die Beute bohren.

Der ausgefächerte Schwanz bremst den Flug.

BEUTEFLUG
Der Rotschwanzbussard stellt keine besonderen Ansprüche: Er jagt kleine Säuger wie dieses Streifenhörnchen, erlegt aber auch ausgewachsene Kaninchen, die so schwer sind wie er selbst. Andere Greife fressen nur eine ganz bestimmte Beute, z.B. der Schneckenweih (S.8). Einige Vögel entwickeln auch individuelle Vorlieben beim Jagen: So kommt es vor, dass Wanderfalken hinter Felsvorsprüngen lauern und vorbeifliegende Vögel aus dem Hinterhalt überfallen.

FISCHJÄGER

Greife, die wie dieser Schreiseeadler Fische fressen, leben an Seen, Flüssen oder am Meer. Die Jagdweisen aller Fischjäger ähneln sich: Von einem hohen Ansitz aus beobachten sie Fische, die an der Oberfläche nach Nahrung suchen. Im spitzen Winkel fliegen sie an und greifen den Fisch aus dem Wasser. Nur der Fischadler vertraut auf eine andere Technik: Er taucht als einziger Greif unter.

Mit weit abgespreizten Handschwingen setzt der Greif zur Landung an.

GUTE BEOBACHTER

Große Adler (S.42) leben meist in offenem Gelände mit ausreichend Raum für die Jagd. Sie kreisen in der Luft und registrieren selbst kleinste Bewegungen am Boden. Dann stoßen sie herab und ergreifen die Beute. Zuweilen jagen sie auch vom Ansitz.

STOSSFLUG

Die großen Falken leben im offenen Gelände. Ihre Jagdtechnik besteht darin, sich hoch in die Luft zu schrauben und dann mit rasanter Geschwindigkeit auf die Beute zu stürzen. Wenn sie sie verfehlen, versuchen sie es ein zweites Mal.

TEAMWORK

Die meisten Greife sind Einzelgänger. Der Wüstenbussard jagt in Familiengruppen von bis zu sechs Vögeln. Dabei greifen mehrere Bussarde zugleich die Beute an. Wenn sie sich versteckt, versuchen mehrere Vögel, sie ins Freie zu treiben. Immer wieder fliegen sie auf die Beute zu, bis diese schließlich verstört, erschöpft und hilflos ist. In der Gruppe können die Bussarde größere Tiere überwältigen als allein, so z.B. einen Eselshasen, der doppelt so schwer ist wie der größte Bussard.

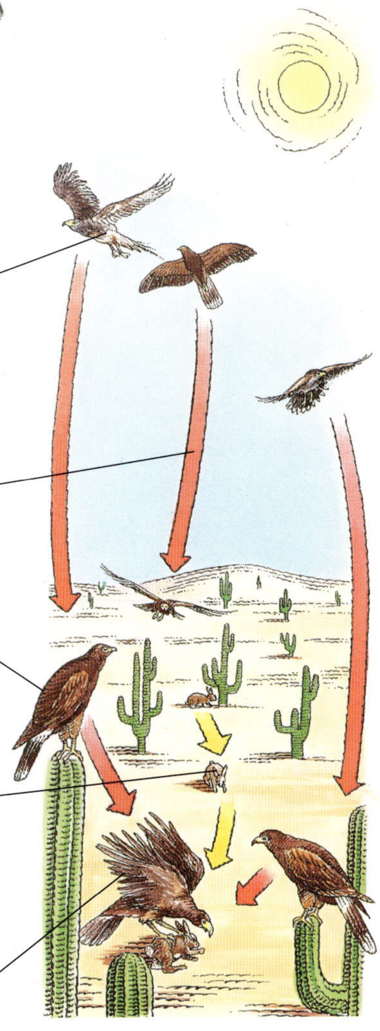

Beute und Ernährung

BARTTRÄGER
Der dunkle Federbart im Gesicht gab diesem Geier seinen Namen. Der Bartgeier frisst Knochen. Kleine Knochen verschlingt er ganz, große trägt er 40–80 m in die Luft und lässt sie dann fallen, damit sie am Boden zerschellen.

Manche Greife fressen alles, andere sind Feinschmecker. Der Schneckenweih (S.8) frisst nur Sumpfdeckelschnecken, der Bartgeier (links) ernährt sich hauptsächlich von Knochen. Viele Greife schätzen Insekten als Nahrung: 12 Arten fressen ausschließlich, 44 weitere Arten vornehmlich Insekten und noch einmal 100 Arten fangen gelegentlich Insekten. Manche Greife verzehren außer Fleisch auch Früchte. Der Palmgeier frisst, wie sein Name vermuten lässt, die Früchte der Öl- und der Raphiapalme. Die kleinen Insektenfresser müssen fast ständig nach ihrer winzigen Nahrung suchen. Die großen Greife kommen mit ein oder zwei erfolgreichen Jagdflügen aus. Den Rest des Tages sitzen sie herum und verdauen. Geier müssen manchmal lange nach Nahrung suchen. Wenn sie schließlich Aas gefunden haben, fressen sie ausgiebig. Der 5 kg schwere Gänsegeier verschlingt dann fast 2 kg Fleisch auf einmal. Die meisten Greife jagen allein oder im Familienverband, nur Geier und Milane versammeln sich zu großen Trupps an einer ergiebigen Nahrungsquelle: einem toten Stier oder einer Müllhalde.

Bei Erregung wird die Haut über dem Schnabel stärker durchblutet und färbt sich rot.

Leerer Kropf

SAMMELTASCHE
Alle Greifvögel haben einen Kropf (S.22), in dem sie die Nahrung speichern. Beim Fressen wird der Kropf größer. Meist ist er unter Federn versteckt. Beim Karakara ist er unbefiedert und tritt unförmig hervor, wenn er voll ist.

Die Handschwingen sind schwarz, das übrige Gefieder weiß.

Rabengeier sträuben bei Kälte das Nackengefieder. Beim Fressen legen sie es an, damit es nicht mit Blut verklebt.

Geier stützen sich ab, wenn sie ein zähes Stück vom Aas abreißen.

FREUND UND HELFER
Wenn ein Rabengeier eine Tierleiche findet, deren Haut er nicht aufbrechen kann, führt er – so vermutet man – einen größeren Königsgeier zum Aas. Der Königsgeier reißt es auf und frisst. So kommt auch der Rabengeier zu seiner Mahlzeit.

Die Haut über dem Schnabel ist meist gelb.

Der volle Kropf ist deutlich zu sehen.

Karakaras fressen fast alles, was sie finden.

MITESSER UNERWÜNSCHT

Manche Greife wie dieser Rundschwanzsperber „manteln" ihre Beute. Sie umhüllen sie mit ausgebreiteten Schwingen und gespreiztem Stoß, sodass sie ihnen keiner streitig machen kann. Nicht zu große Beute tragen die Greife zu einem sicheren Ort, um sie dort zu kröpfen.

Die ausgebreiteten Schwingen und der gespreizte Stoß erinnern an einen Mantel, daher die Bezeichnung „manteln".

Rundschwanzsperber fressen kleine Säuger und Vögel wie diese Wachtel.

Der eiförmige Stein dient zum Knacken des Straußeneis.

Durch die Nasenlöcher der Altweltgeier kann man anders als bei den Neuweltgeiern nicht hindurchsehen.

ZEIT DES ÜBERFLUSSES

Wenn die pazifischen Lachse in Nordamerika die Flussoberläufe aufsuchen, um dort zu laichen und zu sterben (S.37), finden die Weißkopfseeadler reichlich Nahrung. Andere Greife profitieren von Massenvermehrungen ihrer Beute (Mäuse, Heuschrecken). Schneeeulen und Raufußbussarde legen mehr Eier, wenn die Lemmingpopulation stark anwächst. Der Schwarzachselaar aus dem trockenen Inneraustralien brütet nur, wenn es regnet und sich seine Hauptbeute, die Langhaarratte, ausreichend vermehrt, dann allerdings mehrmals nacheinander.

Die Lachse sterben nach dem Laichen, sodass die Weißkopfseeadler sie nur aus dem Wasser zu fischen brauchen.

WERKZEUGGEBRAUCH

Verschiedene Greife fressen gelegentlich Eier. Anders als alle anderen Greifvögel bearbeitet der Schmutzgeier sie mit einem Werkzeug; er ist der einzige Greifvogel überhaupt, der ein Werkzeug benutzt. Um ein Straußenei zu öffnen, wirft er kleine Steine darauf. Kleinere Eier wirft er auf den Boden. In Südafrika, wo Straußen gezüchtet werden, hat man den Schmutzgeier gejagt und vergiftet. Heute ist er dort ausgestorben. Auch der Bartgeier bedient sich technischer Tricks, um an seine Nahrung heranzukommen. Er bricht nicht nur Knochen auf, indem er sie aus großer Höhe fallen lässt, sondern auch Schildkröten.

Das Straußenei ist das größte Ei der Welt.

Kopf und Sinne

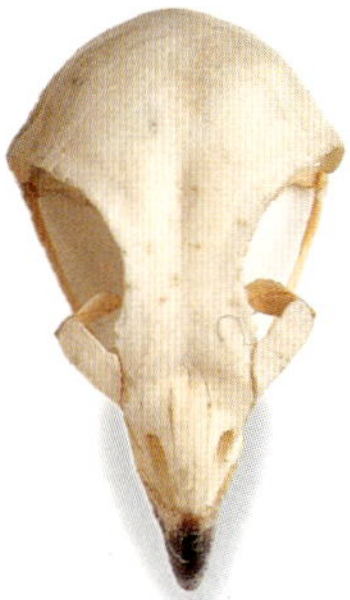

AUGENTIER
Die Augen des Mäusebussards (Schädel oben) können so groß werden wie die des rund fünfzigmal schwereren Menschen.

Greife benötigen ganz spezielle Anpassungen an das Jagen anderer Tiere. Dazu gehört ein ausgezeichnetes Sehvermögen, das dem unseren weit überlegen ist. Bei einem Versuch konnte ein Bussard eine Heuschrecke aus 100 m Entfernung erkennen, ein Mensch erst aus 30 m. Andere Arten sehen bis zu achtmal besser als wir. Greife hören auch sehr gut, besonders Eulen (S.51) und manche Weihen. Der einzige Greif, der seine Nahrung mit der Nase findet, ist der Truthahngeier.

KÜHNER BLICK
Greifvögel wie dieser Königsbussard haben einen Knochen am oberen Rand der Augenhöhle, der wohl einen gewissen Schutz darstellt. Durch diese anatomische Besonderheit wirkt der Vogel, als blicke er kühn-entschlossen in die Welt.

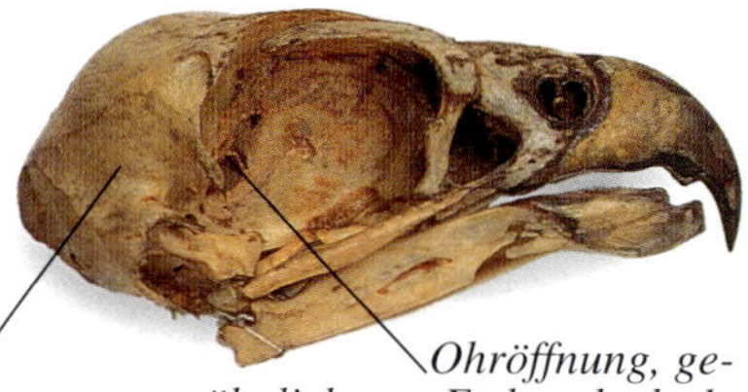

Gehirnschädel und Gehirn sind ziemlich klein.

Ohröffnung, gewöhnlich von Federn bedeckt

GANZ OHR
Die Ohröffnung ist klein. Das Gehör dient der Verständigung, z.B. durch Balzrufe, und dem Auffinden von Beute. Für den Wanderfalken (Schädel links) ist das Gehör nicht so wichtig wie für Eulen und Weihen, die ihre Beute mit den Ohren orten.

Die Nickhaut schützt und reinigt das Auge.

„SCHEIBENWISCHER“
Dass das Auge dieses Kaffernadlers trüb wirkt, ist kein Anzeichen von Krankheit. Der Vogel hat lediglich seine Nickhaut geschlossen. Mit diesem durchsichtigen Lid können die Vögel die Hornhaut reinigen und dabei immer noch sehen. Beim Angriff auf die Beute schließen die Greife ihre Nickhaut oft zum Schutz.

BISSIG
Falken wie dieser Würgfalke haben vergleichsweise große Köpfe. Alle Falken besitzen eine Ausbuchtung im Oberschnabel, den Falkenzahn. Sie töten ihre Beute meist durch Bisse, während andere Greifvögel dazu ihre Füße benutzen und mit dem Schnabel nur kröpfen.

Falkenzahn

Augen und Schnabel sind groß, das Gehirn ist klein.

ZUNGENFERTIG
Dieser Steinadler hechelt, um sich Kühlung zu verschaffen. Ähnlich wie ein Hund atmet er dabei sehr schnell, sodass die Atemluft überschüssige Körperwärme abführt. Die Zunge hat er in den Luftstrom gestreckt. Sie dient zum Schlucken der Nahrung und als Sinnesorgan.

Über den Geschmackssinn der Greifvögel weiß man wenig. Möglicherweise spielt er bei der Beutewahl eine Rolle.

Der Adler erkennt Gegenstände aus mindestens doppelt so großer Entfernung wie wir.

ADLERBLICK
Die Sehleistung eines Adlers lässt sich nicht genau bestimmen. Man weiß jedoch, dass ein Steinadler ein Kaninchen aus mindestens 1,5 km Entfernung sieht. Weniger beeindruckend ist sein Gehirn.

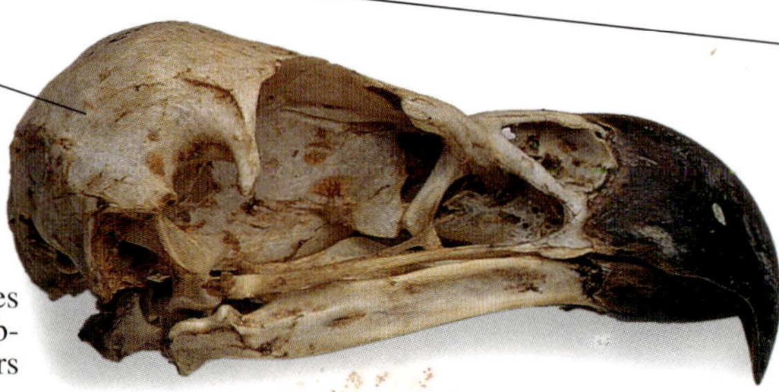

Hirnschädel

Schädel des Einfarb-Schlangenadlers

VERKEHRTE WELT
Greifvögel haben große Augen, die sie in den Augenhöhlen kaum bewegen können. Diese Beschränkung gleicht der lange, bewegliche Hals aus: Die Vögel können ihren Kopf in fast alle Richtungen drehen und sogar ihre Umgebung „kopfstehend“ betrachten.

Junge Schreiseeadler haben braun-weiße Köpfe, erwachsene Tiere weiße.

Der Kopf dieses Vogels wird langsam rein weiß.

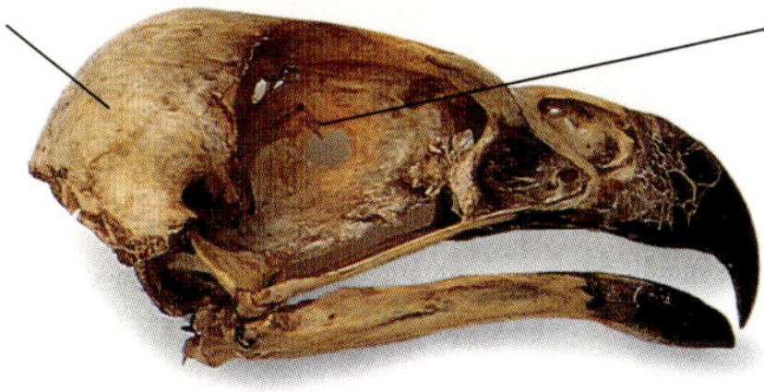

Kleines Hirn

Die Sehfelder beider Augen überlappen („binokulares Sehen“), sodass der Vogel Entfernungen schätzen kann.

MIT BLICK NACH VORN
Greifvögel wie der Schwarze Milan haben nach vorn gerichtete Augen. Diese Anordnung ermöglicht gutes räumliches Sehen, das für eine erfolgreiche Jagd wichtig ist (S. 50–51).

DIE STIMME AFRIKAS
Schreiseeadler sind recht laut, vor allem wenn sie ihren Geschlechtspartner begrüßen. Greife setzen ihre Stimme bei vielen Gelegenheiten ein: von den Bettellauten der Küken und zarten Liebesrufen bis hin zu aggressivem Kampfgeschrei.

Der Weißrückengeier ist nicht ganz kahl; Kopf und Nacken sind von feinen Daunen bedeckt.

Knochenleiste über dem Auge

Die scharfen Geieraugen suchen von hoch oben die Landschaft nach Aas ab.

BESTECK NICHT NÖTIG
Geier wie dieser Weißrückengeier haben kräftige Schnäbel und muskulöse Hälse, um die zähe Haut großer Tiere aufreißen zu können. Große Geier wie der afrikanische Ohrengeier und der Andenkondor können das Fell eines Büffels oder die Haut eines Wals zerreißen. Wenn ein kleiner Geier ein so großes Tier zuerst findet, muss er warten, bis ein großer Geier es öffnet, erst dann kann er fressen. Sein Schnabel ist zu schwach, um durch die zähe Haut zu schneiden.

Haube nur halb aufgerichtet

Schmaler, aber kräftiger Schnabel

BEDEUTUNGSVOLL?
Viele Greife haben eine Federhaube. Über ihre Funktion weiß man wenig. Sie könnte dazu dienen, Artgenossen die Stimmungslage mitzuteilen und sich z.B. bei Erregung aufrichten. Die Hauben sind unterschiedlich groß. Der Habichtsadler (links) hat eine kleine Haube.

Truthahngeier finden ihre Nahrung mit der Nase.

Durch die Nasenlöcher kann man hindurchsehen.

FEINE NASE
Der Truthahngeier findet seine Nahrung mit der Nase. Er fliegt niedrig über dem Boden und nimmt Geruchsreize wahr, die nicht in größere Höhen gelangen. Außerdem entdeckt er auf diese Weise kleine Nahrungsbrocken, die anderen Greifen entgehen.

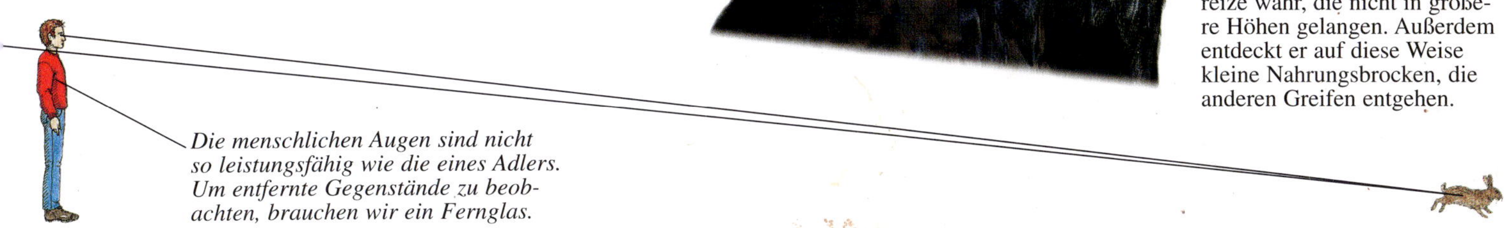

Die menschlichen Augen sind nicht so leistungsfähig wie die eines Adlers. Um entfernte Gegenstände zu beobachten, brauchen wir ein Fernglas.

Skelette

Seeadler

Bei manchen Greifvögeln wiegt das Skelett weniger als die Federn. Beim Sperbermännchen macht das Skelett nur etwa elf Prozent des Körpergewichts aus. Ein leichtes Skelett ist für flugfähige Vögel sehr wichtig. Der Höckerschwan als schwerster flugfähiger Vogel wiegt bis zu 22,5 kg, schnelle, wendige Flieger sehr viel weniger. Viele ihrer großen Knochen sind hohl und mit Luft gefüllt. Das starre Rumpfskelett lässt nur sehr eingeschränkt Bewegungen zu; es dient vor allem als Ansatz für die starken Flugmuskeln und schützt die inneren Organe. Die Beweglichkeit des Halses gleicht die Starrheit des Rumpfs wieder aus.

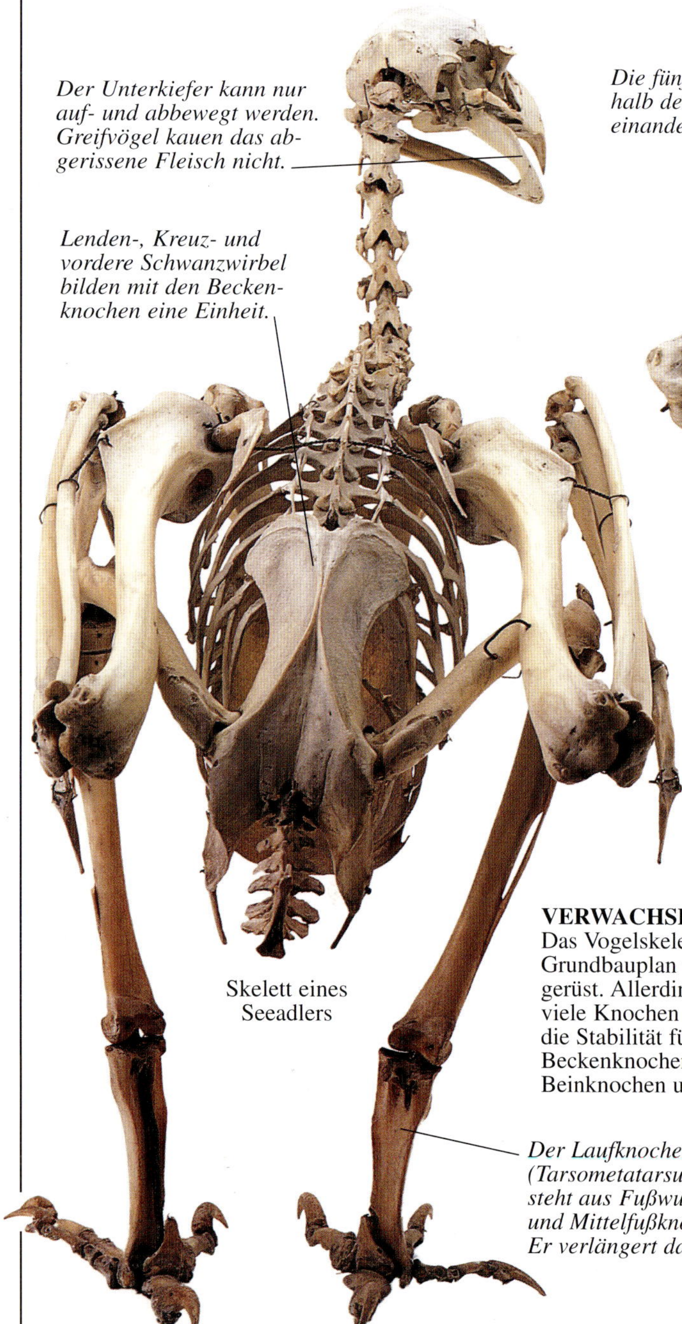

Der Unterkiefer kann nur auf- und abbewegt werden. Greifvögel kauen das abgerissene Fleisch nicht.

Lenden-, Kreuz- und vordere Schwanzwirbel bilden mit den Beckenknochen eine Einheit.

Der Laufknochen (Tarsometatarsus) entsteht aus Fußwurzel- und Mittelfußknochen. Er verlängert das Bein.

Skelett eines Seeadlers

VERWACHSEN

Das Vogelskelett hat den gleichen Grundbauplan wie unser Knochengerüst. Allerdings sind beim Vogel viele Knochen verwachsen. So entsteht die Stabilität für den Flugapparat. Die Beckenknochen stellen den Ansatz für Beinknochen und Laufmuskeln dar.

Keilschwanzadler haben 14 Halswirbel.

Das Rabenbein verbindet Brustbein mit Schulterblatt und Gabelbein.

Die Schultermuskeln sitzen am Schulterblatt an.

Die fünf Brustwirbel oberhalb des Beckens sind miteinander verwachsen.

Brustbein mit Brustbeinkamm

Kniegelenk

Nur die vorderen Schwanzwirbel sind beweglich, die letzten sechs sind zum Pygostyl verwachsen.

Unterschenkel (Tibiotarsus) aus Schien-, Wadenbein und Fußwurzelknochen

Laufgelenk

Skelett eines Keilschwanzadlers

AUFS FLIEGEN EINGESTELLT

Die vier Knochen des Schultergürtels tragen die Flugmuskulatur. Die Schultermuskeln sitzen am Schulterblatt an, die Brustmuskeln an Brust- und Gabelbein. Das Rabenbein verbindet Brust und Schulter. Ein starrer Rumpf sowie Elastizität und Beweglichkeit durch Gelenke kennzeichnen den unübertroffenen Flugapparat der Vögel.

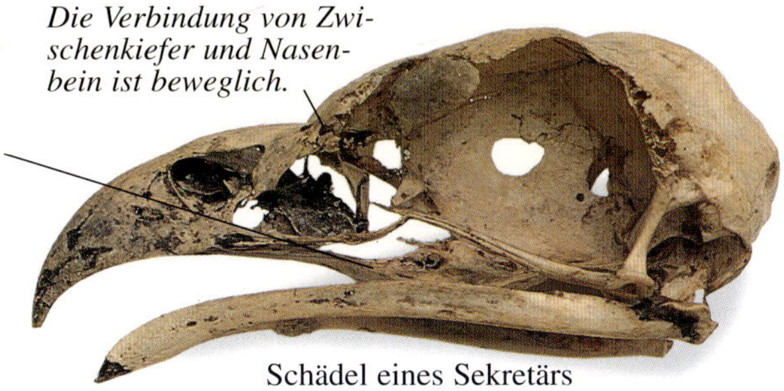

Schädel eines Sekretärs

LEICHTBAUWEISE
Obwohl die großen Vogelknochen hohl sind, erreichen sie mit ihrer Wabenkonstruktion und dank leichter Streben eine hohe Festigkeit. Sie sind luftgefüllt. Säugerknochen enthalten im Gegensatz dazu Knochenmark. In die Vogelknochen führen teilweise auch Ausläufer des Luftsacksystems (S.22).

ZAHNLOS
Vögel haben keine Zähne und sparen dadurch Gewicht. Das Zerkleinern der Nahrung erfolgt im Muskelmagen, dessen Wand als Reibeplatte wirkt. Sie besteht aus einem speziellen Eiweiß und trägt manchmal sogar kleine Zähnchen.

Schädel eines Schmutzgeiers

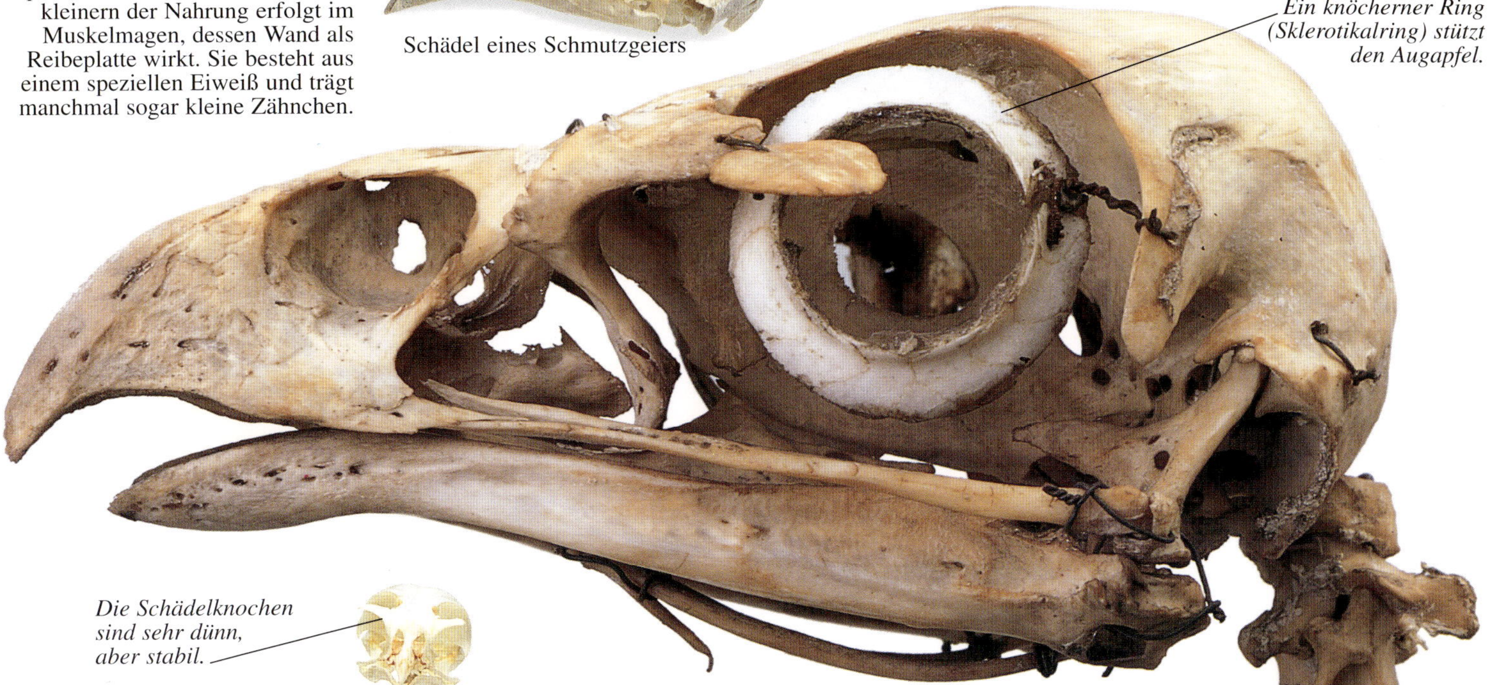

Kopf des Steinadlers

WENDEHALS
Menschen haben 7 Halswirbel, Vögel je nach Art zwischen 13 und 25. Mit ihrem langen Hals erreichen sie bei der Gefiederpflege jede Stelle des Körpers. Außerdem können sie den Kopf nach hinten wenden.

Skelett eines Sperbers

LEICHTER ALS FEDERLEICHT
Das Skelett ist an manchen Stellen papierdünn und dennoch ausreichend stabil, um Höchstgeschwindigkeiten und den Aufprall auf die Beute auszuhalten. Es wiegt weniger als die Federn des Sperbers.

Geier

Geier sind die Abfallbeseitiger unter den Greifen. Sie verhindern die Ausbreitung von Seuchen, indem sie tote Tiere fressen, bevor sie verwesen. In Afrika vertilgen sie mehr Fleisch als alle Beutegreifer zusammen – schätzungsweise 25.000.000 kg pro Jahr allein in der Serengeti. Geier, besonders die großen Arten, sind hervorragende Segelflieger, der Kraftflug (S.16–19) liegt ihnen weniger. Aus diesem Grund leben sie meist in warmen oder gebirgigen Landschaften. Der „Beruf Geier" wird von zwei Gruppen ausgeübt: in Amerika von den Neuweltgeiern und in der übrigen Welt von den Altweltgeiern. In beiden Gruppen gibt es über 10 kg schwere Arten und nur 2–3 kg schwere Vögel. Die größten Arten, die Kondore, haben eine Spannweite von 3 m.

Wärmender Federkragen

3 m Flügelspannweite

Neuweltgeier bekoten (wie Störche) Beine und Füße zwecks Kühlung.

KONDOR
Der Andenkondor (oben) segelt über den südamerikanischen Anden und sucht gelegentlich an der Pazifikküste nach toten Walen. Der Kalifornische Kondor wurde in freier Wildbahn ausgerottet. Durch ein Zucht- und Aussetzprogramm versucht man ihn wieder anzusiedeln.

HEIM AUS STEIN
Viele Geier brüten an geschützten Stellen im Gebirge wie hier am „Geierfelsen" in Spanien (oben). Einige Arten bauen ihre Nester allein in Felsnischen, andere leben in Kolonien.

Jungvögel haben ein dunkelbraunes Gefieder, erwachsene Tiere ein weißes.

Das Gesicht ist gelb und der Hals (anders als bei den meisten Geiern) befiedert.

ALTE WELT
Die Altweltgeier gehören wie Milane und Adler in die Ordnung der eigentlichen Greifvögel. Die Neuweltgeier sind nicht mit ihnen, sondern mit den Störchen verwandt. Der kleinste Altweltgeier ist der Schmutzgeier (oben). Der Schnabel der indischen Unterart ist gelb, der der europäisch-afrikanischen dunkelbraun mit schwarzer Spitze.

Ausgestreckte Flügel halten die Balance.

Das rote Gesicht gab dem Truthahngeier seinen Namen.

Die Nackenfedern werden bei Hitze angelegt und bei Kälte gesträubt.

Die Füße der Neuweltgeiers ähneln den von Hühnern.

NEUE WELT
Der Truthahngeier ist als kleinster Neuweltgeier am weitesten verbreitet. Man findet ihn von Südkanada bis Argentinien. Er hat eine feine Nase (S.30–31), mit der er in den verschiedensten Lebensräumen nach Nahrung sucht.

Beim Hüpfen ist der Schwanz aufgerichtet.

Ein gesenkter Kopf kann auf verschiedene Stimmungen hinweisen, z.B. Streitlust.

Marabus sind aasfressende Störche.

KEINE GUTEN TISCHSITTEN

An einem großen Kadaver sammeln sich Geier zu Dutzenden. In Afrika können sich bis zu sechs Arten einfinden, dazu kommen weitere Aasfresser wie der Marabu. Bei diesem Gedränge kommen nicht immer alle zum Zug. Eine Geiergruppe kann einen Antilopenkadaver in 30 Minuten bis auf die Knochen auffressen, einen Rinderkadaver in drei Stunden.

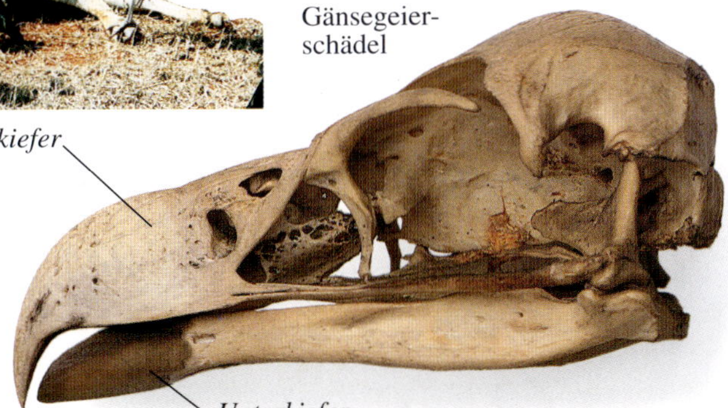

Gänsegeierschädel

Oberkiefer

Unterkiefer

SCHARFER BLICK VOM HIMMEL

Alle Geier haben ausgezeichnete Augen. Während sie am Himmel ihre Kreise ziehen, halten sie nach Kadavern Ausschau und beobachten andere Geier. Wenn ein Geier zu Boden gleitet, folgt ihm sein Nachbar, dann dessen Nachbar usw. So können sich an einem Kadaver Geier aus einem Umkreis von 300 km versammeln.

REINLICHKEIT

Der Weißrückengeier ist der häufigste afrikanische Geier. Kopf und Hals sind unbefiedert, da Federn beim Aasfressen verschmutzen würden. Geier baden gern. Nach einem Mahl fliegen sie oft weite Strecken zur nächsten Bademöglichkeit.

Große Flügel für den Segelflug

Ein Weißrückengeier vertilgt 1 kg Fleisch in zwei Minuten.

GUT ZU FUSS

Der Rabengeier (unten) kann mit seinen kräftigen Beinen ausgezeichnet hüpfen. Auf der Suche nach kleinen toten Tieren wie Krebsen oder jungen Schildkröten verbringt er viel Zeit auf dem Boden. Der Rabengeier ist besser zu Fuß als alle anderen Geier.

Der Rabengeier läuft und springt erstaunlich gut.

Fischjäger

ANPASSUNGEN
Fischadler können ihre Außenzehe als Wendezehe nach hinten drehen (S.25), um Fische besser zu ergreifen. Sie haben eine größere Bürzeldrüse als andere Greifvögel. Mit deren öligem Sekret schützen sie ihr Gefieder gegen Nässe. Sie können sogar ihre Nase zum Tauchen verschließen.

Fischadler sind einzigartig. Sie sind weltweit verbreitet und vollendet an die Jagd auf Fische, ihrer fast ausschließlichen Nahrung, angepasst. Ihre mit starken, gerundeten Klauen bewehrten Fänge haben an der Unterseite scharfe, stachelartige Schuppen, damit die glitschige Beute nicht entschlüpfen kann. Aus dem langsamen Suchflug, aus dem Rüttelflug oder von einem Ast schießt der Adler im Sturzflug mit bis zu 70 km/h ins Wasser und kann völlig untertauchen. Dann erhebt er sich mit schweren Flügelschlägen und einem Fisch in den Fängen aus dem Wasser und schüttelt sich, dass die Tropfen fliegen. Die acht weiteren Fischfänger unter den Adlern sind nicht so spezialisiert. Sie fressen auch Aas oder andere Beute. Vom Ansitz oder aus dem Suchflug, oft ganz niedrig über dem Wasserspiegel, greifen sie Fische aus dem Wasser, ohne einzutauchen. Der Seeadler zwingt Wasservögel durch wiederholte Angriffe zum Tauchen und ermüdet sie. Zu den Fischjägern gehören so große Greife wie der Weißkopfseeadler oder der Riesenseeadler.

Der Fischadler hat seine Beute gepackt.

Kopf voran transportiert der Adler den Fisch ab.

PETRI HEIL!
Ein Fischadler ergreift seine Beute nahe an der Wasseroberfläche. Bis zu 50 m hoch segelt er über dem Wasser. Hat er die Beute entdeckt, stürzt er mit angewinkelten Flügeln und vorgestreckten Fängen nieder, taucht unter und ergreift den Fisch. Der nur ca. 1,7 kg schwere Vogel kann bis zu 2 kg schwere Fische davonschleppen.

WAPPENTIER
Die Vereinigten Staaten wählten 1782 den Weißkopfseeadler zum Wappentier. Der Politiker Benjamin Franklin war dagegen, weil sich Weißkopfseeadler gegenseitig die Nahrung stehlen. Er schlug den Truthahn vor. In den letzten Jahrzehnten gingen die Bestände des Weißkopfseeadlers auf Grund von Verfolgung und Umweltverschmutzung zurück. Dank eines Schutzprogramms hat sich die Art in jüngster Zeit wieder erholt.

Pfeile als Symbole des Kriegs

Ölbaumzweig als Zeichen des Friedens

Weißer Oberkopf

Das stabile Nest widersteht selbst Stürmen an windumtosten Küsten.

TRAUTES HEIM
Fischadler benutzen oft viele Jahre lang den gleichen Horst. Jedes Jahr bauen sie ihn ein Stück aus. Er besteht hauptsächlich aus Reisern und knorrigen Zweigen sowie weichem Pflanzenmaterial. Aber auch Knochen, Seile, Pappe und Plastiktüten dienen als Baumaterial. Auf kahlen Inseln nistet der Fischadler einfach am Boden.

Die weiße Unterseite gab dem Vogel seinen Namen.

NICHT NUR FISCH
Der Weißbauchseeadler kommt an den Küsten Indiens, Südostasiens und Australiens vor. Er frisst Fisch, Kaninchen, Flughunde, Möwen, Wasservögel und sogar giftige Seeschlangen. Vielfach ist er heute durch das Insektengift DDT (S.13) gefährdet.

Die Adler warten auf das Lachssterben.

DIE LETZTEN SEEADLER

Der Seeadler gehört mit über 2,5 m Flügelspannweite zu den größten Adlern. Direkte Verfolgung durch den Menschen, Eierdiebstahl und Umweltverschmutzung durch Schadstoffe haben bewirkt, dass er in weiten Teilen Europas ausgerottet ist. Seit 1973 werden die letzten Horste in Norddeutschland rund um die Uhr bewacht und der Bestand hat sich wieder etwas erholt.

SCHLARAFFENLAND

Jedes Jahr schwimmen die pazifischen Lachse stromaufwärts, um abzulaichen und zu sterben. Die Weißkopfseeadler versammeln sich dann zum Festmahl (S.29), in Alaska über 2000 Tiere an einem Fluss. Dank ihrer breiten Flügel können die Seeadler Beute wegtragen, die schwerer ist als sie selbst. Man hat beobachtet, dass Seeadler 3 kg schwere Lachse davontrugen und einmal sogar ein 7 kg schweres Kitz.

Den Riesenseeadler erkennt man an seinem gewaltigen Schnabel.

GROSSER BRUDER MIT GROSSEM SCHNABEL

Der Riesenseeadler hat eine Spannweite von bis zu 2,8 m. Er kommt an der Pazifikküste Russlands und Chinas vor. Neben großen Lachsen erbeutet er Hasen und sogar kleine Delphine und junge Robben. Riesenseeadler legen zwei bis drei Eier und ziehen – im Gegensatz zu den „echten" Adlern (S.12) – mehr als ein Junges auf.

Milane und Weihen

Schwalbenweih

Milane sind anmutige Flieger und im Flug leicht am gegabelten Schwanz zu erkennen. Der Rotmilan ist mit bis zu 1600 g Gewicht und einer Flügelspanne bis zu 1,7 m der größte Milan. Manchmal bezeichnet man ihn als Gabelweihe, obwohl er nicht zu den Weihen gehört. Viele kleinere Milane und Weihen fressen Insekten, die anderen jagen größere Beute, suchen Aas oder fangen Fische. Die ungefähr zehn Weihenarten haben lange Flügel und ein geringes Körpergewicht: Im charakteristischen langsamen Gaukelflug suchen und horchen sie nach Beute. Alle Weihen leben in mehr oder weniger offenen Landschaften wie Sumpfgebieten, Wiesen oder auch Feldern.

Beuteübergabe zwischen Männchen und Weibchen

FLUGAKROBATEN
Rohrweihenmännchen schleppen ihre Beute in Richtung Nest. Im Anflug rufen sie nach dem Weibchen und übergeben diesem im Flug die Beute. Das Weibchen kehrt zum Nest zurück, er geht wieder auf die Jagd.

Die Höhlenweihe kann ihre Nackenfedern zu einer eindrucksvollen Haube aufstellen. Ihr Gesicht ist unbefiedert.

Die langen, schmalen Beine und Füße können Beute aus Höhlen und Spalten angeln.

Das Gefieder von Jung- und Altvögeln unterscheidet sich.

WELTBÜRGER
Der Schwarzmilan kommt in weiten Teilen der Alten Welt und Australiens vor (S.58). Bei uns frisst er tote oder kranke Fische, die er von der Wasseroberfläche aufsammelt, kleine Säuger und Vögel, Frösche und Insekten sowie Abfälle und Aas. Oft jagt er anderen Vögeln die Beute ab.

Weihen brüten im Röhricht, in hohem Gras oder Getreidefeldern.

BODENSTÄNDIG
Die meisten Weihen sind Bodenbrüter. Das Kornweihenweibchen baut sein Nest aus Reisig, Halmen und Gras. Weihen legen vier bis sechs Eier, bei Nahrung im Überfluss auch mehr. Milane bauen ihren Host in Bäumen.

NESTRÄUBER
Die Höhlenweihe ist nah mit den eigentlichen Weihen verwandt. Zum Beuteerwerb pirscht sie im niedrigen Suchflug über den Boden oder hüpft im Laubwerk der Bäume umher. Das Laufgelenk kann sowohl nach vorn als auch nach hinten ausschlagen. Mit dem dadurch sehr beweglichen Fuß greift sie in Höhlen und Löcher, um kleine Tiere, aber auch Vogeleier und -küken herauszuangeln. Die südamerikanische Sperberweihe hat einen ähnliche Lebensweise.

GEHÖRT ZUR FAMILIE
Der Schmarotzermilan, erkennbar am gelben Schnabel, ist die afrikanische Unterart des Schwarzmilans. Seine Gefiederfärbung kann leicht variieren.

Milane sind äußerst wendige Flieger.

Der Schwanz des Schwarzmilans ist nur schwach gegabelt.

Weihen gleiten manchmal in weniger als 1 m Höhe über den Boden.

BODENNAH
Im Jagdflug schaukeln die Weihen oft gleitend in geringer Höhe über den Boden. Diese Jagdweise erinnert an Eulen und wie diese besitzen Weihen auch einen Gesichtsschleier. Sie jagen Beute bis zur Größe eines kleinen Kaninchens.

Der lange Stoß erhöht die Wendigkeit.

Gelbe Regenbogenhaut

Die rötlichen Federn sind namengebend.

Der Stoß des Roten Milans ist deutlich gegabelt.

EUROPÄER
Die 25.000 Paare des Roten Milans brüten fast nur in Mittel- und Westeuropa. Seit den 60-er Jahren haben die Bestände zugenommen. Tief greifende Veränderungen in der Landwirtschaft der neuen Bundesländer lassen allerdings hier, im Verbreitungszentrum, negative Auswirkungen befürchten. Da er hauptsächlich bei uns vorkommt, sind wir für diesen Vogel besonders verantwortlich.

In großen Trupps suchen Milane auf Müllhalden nach Nahrung.

OHNE FURCHT
Milane fürchten den Menschen kaum. In Afrika schnappen Schwarzmilane nach dem Frühstücksbrot, wenn man im Freien isst. Sie durchstreifen auch Städte und suchen auf Müllhalden nach Nahrung. Dort können sie jedoch Gift aufnehmen, Plastik verschlucken oder sich in Drähten verfangen.

Habichte und Bussarde

Der nordamerikanische Präriebussard jagt (wie andere Bussarde) vom Ansitz aus: hier von einem Telegrafenmast.

Habichte sind meist Waldvögel. Ihre breiten, kurzen Flügel können sie auf dem Beuteflug schnell in eine andere Richtung schlagen und mit dem langen Stoß die Flugrichtung ändern oder rasch abbremsen. Bei den Habichten sind die Weibchen sehr viel größer als die Männchen. Bussarde sind sehr anpassungsfähig, sie leben und jagen in einer Vielzahl von Lebensräumen, vor allem in parkartigen Landschaften und auf Feldern. Mit ihren langen, breiten Flügeln segeln sie viel häufiger als Habichte. Sie fressen hauptsächlich kleine Säuger, aber auch Aas. Bei den Bussarden ist der Größenunterschied der Geschlechter weniger ausgeprägt.

BUSSARDE
Alle Bussarde, so auch der Adlerbussard (links), haben einen kompakten Körperbau. Mit ihren muskulösen Beinen und kräftigen Füßen greifen sie meist Kleinsäuger. Die meisten Bussarde bevorzugen Kaninchen und kleine Nager als Beute.

Der Wüstenbussard steht zwischen Habichten und Bussarden.

NACHSCHUB FÜR DIE KÜCHE
Im Mittelalter galt der Habicht als Beizvogel des Kochs, nicht weil Köche mit ihm jagten (das war ein Privileg des Adels), sondern wegen seines Jagderfolgs. Sperber können nur kleinere Beute, meist Vögel, schlagen. Mit Bussarden übten vermutlich die angehenden Falkner, denn Bussarde fliegen langsamer und sind leichter abzurichten als Habichte.

Der Sperber rupft die Amsel, bevor er sie kröpft.

Habichte erlegen große Beute. Das Sperberweibchen greift sogar Ringeltauben, die größer als es selbst sind, und Amseln wie hier.

FEDERN SCHMECKEN NICHT
Wie viele andere Greifvögel rupfen Habichte ihrer Beute die Federn aus, bevor sie sie kröpfen. In ihrem Revier findet man daher oft Rupfungen, an Hand derer man auf ihre Beute schließen kann. Zur Unterfamilie der Habichtartigen gehören ungefähr 50 Arten, die größeren nennt man Habicht, die kleineren Sperber. Habichte erbeuten sowohl Säuger als auch Vögel, Sperber jagen hauptsächlich Vögel. Der Jagdanflug erfolgt meist unter Ausnutzung jeder Deckung niedrig über dem Boden.

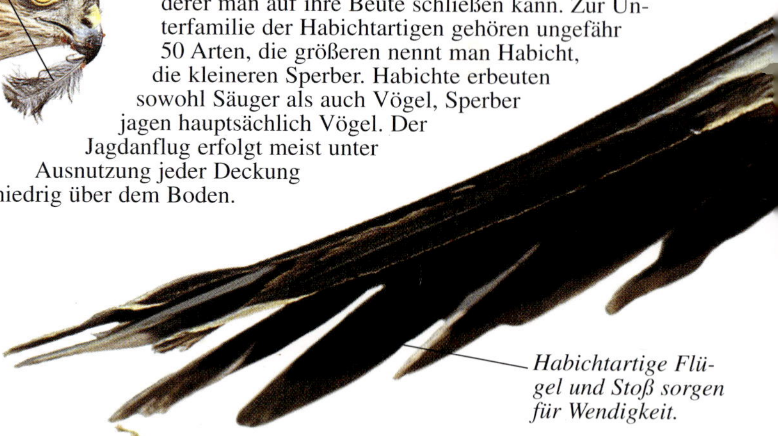

Habichtartige Flügel und Stoß sorgen für Wendigkeit.

Habichte nutzen Hecken und Bäume als Deckung beim Jagdanflug.

GLÜCKLICHE FAMILIE
Wie bei anderen Greifvögeln hängt der Bruterfolg des Mäusebussards vom Nahrungsangebot ab. In guten Mäusejahren zieht er mehr Junge groß als in schlechten. Die Zahl der Mäusebussarde folgt mit einer Verzögerung dem Nahrungsangebot.

HABICHT ODER BUSSARD?
Der Wüstenbussard nimmt eine Mittelstellung zwischen Bussarden und Habichten ein. Sein wissenschaftlicher Name *Parabuteo* bedeutet „wie ein Bussard". Sein Körperbau ähnelt dem der Habichte, sein Wesen dem der Bussarde. Mit langen Fängen kann er seine Beute auch aus dornigem Gestrüpp herausholen. Der Wüstenbussard lebt und jagt in Gesellschaft (S.27). Oft helfen ältere Jungvögel den Eltern bei der Aufzucht der Brut.

Daumenfittich

Rostrote Vorderflügel und ein breites, weißes Band am Schwanzansatz kennzeichnen den Wüstenbussard.

Die größeren Habichte haben sehr kräftige Beine. Die kleinen Sperber, die hauptsächlich Vögel jagen, haben dünnere, nicht so starke Beine und sehr lange Zehen.

Adler

Überall auf der Welt gilt der Adler als König der Vögel. Viele Herrscher, Nationen und Armeen führen ihn als Wappentier. Als Adler bezeichnet man die größeren Vertreter aus der Unterfamilie der Bussardartigen. Die „echten“ Adler (Gattung *Aquila*) umfassen neun Arten. Zu den Waldadlern gehören der afrikanische Kronenadler, der philippinische Affenadler (S.56) und die Harpyie (S.59) aus Südamerika. Sie haben in Anpassung an ihren Lebensraum kurze, gerundete Flügel und einen längeren Schwanz als „echte“ Adler. Diese bevorzugen offene Lebensräume. Der Steinadler, der Keilschwanzadler und der Kampfadler erreichen Flügelspannweiten von über 2,5 m. Schlangenadler haben dicke Schuppen an Läufen und Füßen, die vor Schlangenbissen schützen, und kurze, kräftige Zehen zum Ergreifen der Beute.

KINDERRÄUBER?
Viele Adler fressen Aas und wurden daher mit viel größerer Beute beobachtet, als sie tatsächlich selbst töten können. Dadurch entstanden Legenden von Adlern, die Kälber, Schafe und sogar Kinder davontragen. All diese Geschichten entbehren jeder Wahrheit.

WEGELAGERER
Der Raubadler gehört zu den häufigsten Adlern. Wie viele andere Adler lebt er hauptsächlich von Aas und verschmäht auch menschliche Abfälle nicht. Oft versucht er, anderen Räubern die Beute abzujagen.

Bei den „echten“ Adlern sind die Läufe bis zu den Zehen befiedert.

KÜHNER JÄGER
Der Habichtsadler übertrifft viele andere Adler an Schnelligkeit. Hinsichtlich Gestalt und Wendigkeit erinnert er an einen Habicht. Der abgebildete afrikanische Habichtsadler lebt am Rand des Regenwalds. Die Zahl der Waldadler nimmt in letzter Zeit immer mehr ab, weil man ihren Lebensraum gnadenlos abholzt.

Dunkle Streifen auf seidenweißer Brust

Bis zu den Zehen befiederte Läufe

Oft dient ein abgestorbener Ast hoch oben als Ansitz.

SYMBOL DER MACHT
Adler waren die Wappentiere großer Reiche, u.a. des alten Rom, des zaristischen Russland und des habsburgischen Österreich. Der Legionsadler des römischen Heers diente als Orientierungs- und Sammelpunkt. Ihn zu verlieren galt als schlimmes Unglück. Auch moderne Staaten führen Adler im Wappen, z.B. die USA, die Bundesrepublik und Polen.

Der Adler breitet drohend die Flügel aus.

Das Warzenschwein verteidigt sein Junges gegen den Adler.

UNGLEICHER KAMPF
Der Kampfadler ist der größte Adler Afrikas. Mit seinen gewaltigen Fängen tötet er nicht nur kleine Tiere, sondern auch Schakale und junge Antilopen. Kampfadler leben in der offenen Steppe. Sie jagen kaum vom Ansitz, sondern stürzen sich aus der Luft auf ihre Beute. Auf dem Bild macht sich ein Kampfadler an ein kleines Warzenschwein heran, das von seiner Mutter verteidigt wird.

Die Nickhaut schützt und reinigt das Auge.

Das braune Gefieder des jungen Gauklers wechselt langsam zum Erwachsenengefieder.

GEWOHNHEITSTIERE
Steinadler kehren jedes Jahr zum gleichen Horst zurück, um ihre Jungen großzuziehen. Gute Horstplätze sind immer besetzt. Wenn ein Paar sein „Heim“ aufgibt, folgt ein anderes. Mit fünf Jahren sind Steinadler ausgefärbt und geschlechtsreif; sie können dann selbst Nachwuchs bekommen.

Die Küken rufen, damit ihre Mutter sie füttert.

LUFTAKROBATIK
Das braune Jugendkleid (oben) des Gauklers wird zum Erwachsenenkleid (links), wenn der Vogel mit sieben Jahren die Geschlechtsreife erreicht. Gaukler sind mit Schlangenadlern verwandt, fressen aber hauptsächlich Aas. Ihr Name geht auf den zirkusreifen Balzflug zurück, der sich durch Seitenrollen und Purzelbäume auszeichnet.

HEILIGER GREIF
In vielen Kulturen von Amerika bis Indien sind Adler heilige Symbole. In manchen Religionen steht der Adler für die Sonne oder einen Himmelsgott. Im Christentum wurde der Adler zum Symbol des Evangelisten Johannes.

Oberkopf und Nacken des Steinadlers sind goldfarben.

Widerhaken an der Zunge helfen beim Schlucken.

Manche Steinadler haben mehr als 2,5 m Flügelspannweite.

Konturfedern (S.21) geben dem Adler seine äußere Gestalt.

Steinadler gelten bei Landwirten als nützlich, weil sie Kaninchen fangen.

Der stämmige Körper ist kennzeichnend für Adler.

Dieses 2 kg schwere Kaninchen reicht dem 4 kg schweren Adler für zwei Tage.

BESCHEIDENHEIT IST EINE ZIER
Steinadler besiedeln die Kältesteppen der nördlichen Erdhalbkugel. Wie die meisten anderen Adler jagen sie Tiere, die kleiner als sie selbst sind. Die große Ausnahme stellt der afrikanische Kronenadler dar. Man hat beobachtet, wie er Antilopen bis zu einem Gewicht von 20 kg schlug.

Der Sekretär

NAMENSGEBUNG
Die an den Federkiel aus früherer Zeit erinnernden Haubenfedern könnten für den Namen verantwortlich sein, vielleicht auch die arabische Bezeichnung *saqr-tair* für „jagender Vogel".

Sekretäre sind so ungewöhnliche Greifvögel, dass man sie in einer eigenen Unterordnung allen anderen Vertretern der „eigentlichen Greifvögel" (*Accipitriformes*) gegenüberstellt. Wegen der langen Beine hat man sie sogar schon zu den Trappen gerechnet. In Afrika südlich der Sahara kommen Sekretäre überall vor, wo sie geeignete Lebensräume finden: Steppen, Wüstenrandgebiete, Ackerland. Ihr umfangreiches Nest legen sie auf Dornbüschen oder dornigen Bäumen an. Sie erreichen eine Körperhöhe von 1,2 m, ein Gewicht von 2–4 kg und haben eine Flügelspanne von 2 m oder mehr. In Wäldern kommen sie nicht vor, denn dort könnten sie weder starten noch zwischen den Bäumen fliegen. Auch zu hohes Gras meiden sie. Ihre Beute schlagen die Sekretäre zu Fuß. Sie stampfen auf Grasbüschel, um Insekten, Eidechsen oder andere kleine Tiere hervorzuscheuchen. Schlangen töten sie mit gezielten Tritten und benutzen dabei die Hinterzehenklaue als Dolch.

Zwei Wochen alter Sekretär

Sechs Wochen alter Sekretär

WACHSEN IM EILTEMPO
Frisch geschlüpfte Sekretäre haben relativ große Köpfe. Ihre Beine wachsen so schnell, dass die Beinschuppen ständig abplatzen und erneuert werden müssen. Die Jungvögel können erst stehen, wenn sie fast ausgewachsen sind. So können sie auch nicht aus dem Nest fallen, bevor sie fliegen oder zumindest segeln können. Landwirte schätzen die Sekretäre, weil sie Schlangen und Nager erbeuten. Dennoch werden sie bisweilen selbst gejagt.

Der Sekretär hat lange und ausgesprochen schöne Wimpern.

Lange Nackenfedern erinnern an den Federkiel einer Schreibfeder.

Schwarze Handschwingen. Sekretäre können auch sehr gut fliegen und segeln.

Das nackte Gesicht ist bei erwachsenen Vögeln orangefarben.

REICHHALTIGES BÜFFET

Schlangen stellen nur einen Teil der Nahrung des Sekretärs dar. Auf seinem Speisezettel stehen außerdem Insekten wie Heuschrecken und große Käfer, Eidechsen, Igel, Mungos, Vögel, Ratten, Mäuse und andere kleine Säuger bis zur Größe eines kleinen Kaninchens, ferner Eier und Küken. Bis auf die größten Brocken verschlingt der Vogel seine Beute ganz.

BIS DASS DER TOD UNS SCHEIDET

Wenn Sekretäre einen Geschlechtspartner gefunden haben, halten sie in lebenslanger Dauerehe zusammen. Im Gegensatz zu anderen Greifvögeln bewohnen sie ihr Nest das ganze Jahr lang, nicht nur zur Brutzeit. Tagsüber bleiben die beiden Vögel meist zusammen und gehen zu zweit auf die Jagd. Während der Brutzeit verbringen sie nur die Nächte gemeinsam. In Dauerehe leben außerdem Weißkopfseeadler, Steinadler, Schreiseeadler, Fischadler und Wanderfalken.

Die Natter verschwindet im Rachen des Sekretärs: eine ergiebige Mahlzeit.

HOCHSITZ

Sekretäre legen ihre Nester gewöhnlich in 3–10 m Höhe auf Dornbüschen oder dornigen Bäumen an; besonders beliebt sind Akazien. Das Nest besteht aus Zweigen, die mit Gräsern verbunden sind, und kann bis zu 2,5 m Durchmesser erreichen. Manche Nester werden Jahr für Jahr benutzt, bis sie auseinander brechen oder andere Greifvögel sie besetzen.

FAMILIENGLÜCK

Sekretäre brüten nur bei ausreichendem Nahrungsangebot. Das Gelege besteht aus zwei oder drei Eiern, meist überlebt aber nur ein Jungvogel. Manchmal wechseln sich die Eltern beim Brutgeschäft ab. Bei den meisten Greifvögeln brütet nur das Weibchen. Während des Brütens duckt sich der Vogel ganz tief ins Nest.

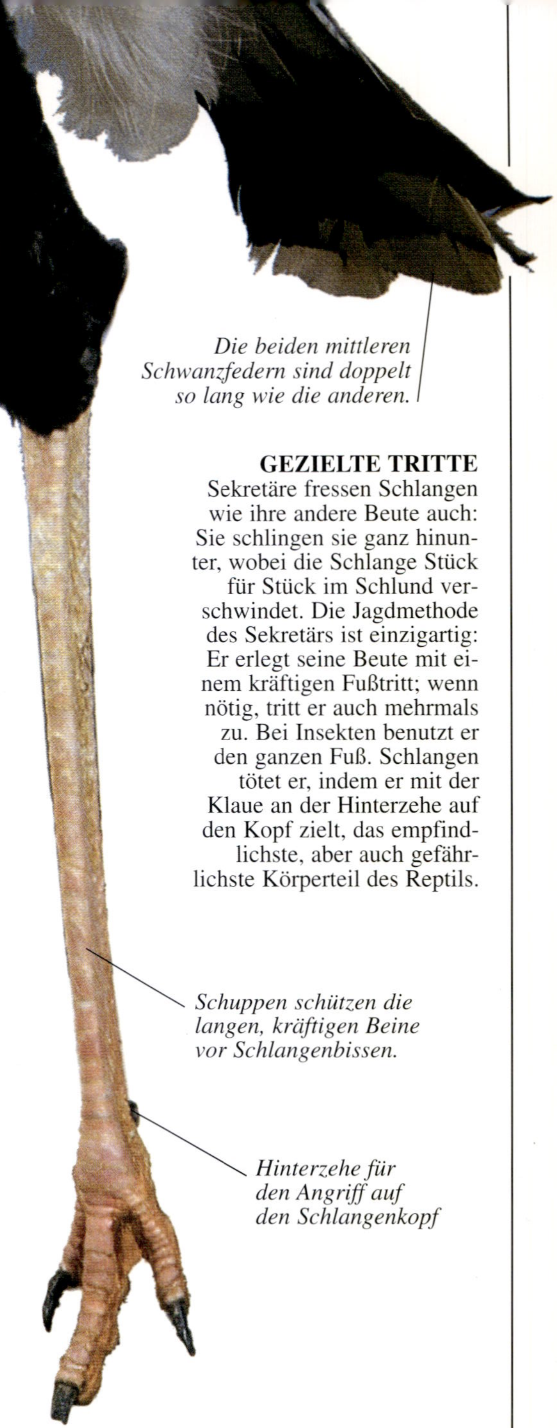

Die beiden mittleren Schwanzfedern sind doppelt so lang wie die anderen.

GEZIELTE TRITTE

Sekretäre fressen Schlangen wie ihre andere Beute auch: Sie schlingen sie ganz hinunter, wobei die Schlange Stück für Stück im Schlund verschwindet. Die Jagdmethode des Sekretärs ist einzigartig: Er erlegt seine Beute mit einem kräftigen Fußtritt; wenn nötig, tritt er auch mehrmals zu. Bei Insekten benutzt er den ganzen Fuß. Schlangen tötet er, indem er mit der Klaue an der Hinterzehe auf den Kopf zielt, das empfindlichste, aber auch gefährlichste Körperteil des Reptils.

Schuppen schützen die langen, kräftigen Beine vor Schlangenbissen.

Hinterzehe für den Angriff auf den Schlangenkopf

Falken

Der Baumfalke ist ein gewandter Jäger und schlägt Schwalben und Mauersegler.

Die großen „Edelfalken", zu denen Würgfalke, Lanner, Wander- und Gerfalke gehören, sind die wohl schnellsten Greife der Welt; besonders im Sturzflug übertreffen sie alle anderen Vögel. Sie kommen in einer Vielzahl von Lebensräumen vor, vor allem in offenen Landschaften, geschlossene Wälder meiden sie. Die „Rüttelfalken", zu denen unser Turmfalke gehört, sind kleiner. Die Waldfalken aus den tropischen Regenwäldern sind noch wenig erforscht. Die kleinsten Falken und zugleich die kleinsten Greifvögel überhaupt sind die Zwergfalken. Die ebenfalls zu den Falken zählenden Karakaras zeigen ein ganz anderes Verhalten und Aussehen. Sie leben in Mittel- und Südamerika, verbringen die meiste Zeit auf dem Boden und wühlen unter Steinen und Ästen nach Nahrung.

Die Beute wird in der Luft geschlagen.

Im Vorbeiflug verletzt der Falke den Vogel und greift ihn dann.

BEUTEFANG
Bei der Jagd steigt der Wanderfalke hoch empor, um sich dann mit großer Geschwindigkeit auf die Beute zu stürzen. Manchmal greift und hält er die Beute, er „bindet" sie, wie der Falkner sagt. Oft verletzt der Falke sie im Vorbeiflug (bei einem „Volltreffer" würde er sich selbst verletzen) und greift die Beute im zweiten Anflug oder am Boden.

Die Flügelform der Karakaras unterscheidet sich von der der anderen Falken.

GEIERFALKEN
Karakaras verhalten sich ganz anders als Falken. Zu ihrer Nahrung gehört auch Aas. Schon frühmorgens suchen sie Schnellstraßen nach überfahrenen Tieren ab. Da sie keine Aufwinde benötigen wie Geier, finden sie tote Tiere schneller als diese.

ZEICHEN DER JUGEND
Junge Lanner sind oben dunkelbraun und an der Unterseite hell und dunkelbraun längs gestreift. Dieses Jungendkleid verlieren sie bei der ersten Mauser. Es erlaubt ihnen in ihrem ersten Jahr im Revier der Erwachsenen zu jagen (S.15). In heißen Ländern kann das Gefieder der Falken ausbleichen, sodass diese Vögel blasser erscheinen.

Längsstreifung des Jungvogels

Junger Lannerterzel

Mit dem kurzen Schwanz ist der Falke nicht so wendig wie ein Habicht.

JAGDFLIEGER
Der Lanner lebt in Afrika (außer im Regenwald und in der Wüste), in Vorderasien und in Europa in Griechenland und Italien. In der Luft erbeutet er Vögel und Insekten, gelegentlich am Boden Kleinsäuger und Reptilien. In Europa ist der Lanner stark gefährdet. In Israel läuft ein erfolgreiches Einbürgerungsprogramm.

Junger Lanner von der Seite

Falkenzahn

Erwachsener Lannerterzel

Unterseite gepunktet

Erwachsener Lannerterzel von der Seite

Ein Wanderfalke in seinem Felsenhorst

Turmfalken brüten oft in Städten.

NISTPLÄTZE

Wie Eulen bauen Falken keine Nester. Die kleineren Arten brüten in verlassenen Nestern oder Baumhöhlen, die großen Falken auf schmalen Vorsprüngen an Klippen, Felsen oder Gebäuden. Sie kratzen eine Mulde und legen ihre Eier hinein.

Mauritiusfalken (hier Jungvögel) gehören zu den seltensten Vögeln.

DEN ÜBERBLICK BEHALTEN

Die 13 um die Welt verbreiteten Turmfalkenarten können alle rütteln (S.19). So können sie auf dem Boden kleine Tiere ausmachen, die den schnell dahingleitenden anderen Falken entgehen. Turmfalken erbeuten viel mehr Kleinsäuger als andere Falken, die hauptsächlich Vögel jagen.

STADTVÖGEL

Turmfalken und andere Falken sehen Hochhäuser als Brutfelsen an und brüten auf Simsen und in Nischen. Nahrung finden sie auch in städtischer Umgebung. Allerdings ist die Stadt als Lebensraum nicht ungefährlich: Viele Jungvögel kommen im Straßenverkehr um, bevor sich gelernt haben sich richtig zu verhalten.

INSELDASEIN

Wegen der Zerstörung der Wälder auf ihrer Heimatinsel war die Zahl der Mauritiusfalken 1974 bis auf sechs Vögel geschrumpft. Dank eines Zucht- und Aussetzungsprogramms gibt es heute wieder etwa 50 dieser Falken. Kleine Inselpopulationen sind immer gefährdet (S.59).

FRAUEN- UND MÄNNERTRACHT

Bei manchen Greifvögeln sind die Geschlechter unterschiedlich gefärbt. Gewöhnlich zeigt sich der Unterschied erst im Erwachsenenkleid. Beim Buntfalken allerdings wird er mit den ersten Federn deutlich. Das unausgefärbte Lannerweibchen (links) ist kaum vom gleichaltrigen Terzel zu unterscheiden. Der einzige Unterschied besteht darin, dass das Weibchen wie bei allen Falken ungefähr ein Drittel schwerer ist als der Terzel.

Dunkler „Bartstreif"

Die Oberseite der Jungvögel ist dunkler als die der Altvögel.

Ausgefärbtes Lannerweibchen

Der Kropfbereich ist oft weniger gefleckt als die untere Brust.

Unausgefärbtes Lannerweibchen

Die Streifen des ersten Jugendkleids verschwinden mit der ersten Mauser.

Die Zehen der Falken sind noch länger als die der Habichte.

Der Stoß dient zum Steuern und Bremsen.

BUNTE INFORMATION

Das Gefieder sagt viel über einen Vogel. In jeder Art gibt es ein bestimmtes Maß an Vielfalt beim Gefieder. Je nach Alter, Geschlecht, Herkunft oder zufällig unterscheiden sich die Vögel. Manche Lanner sind stärker gefleckt als andere oder haben einen rötlicheren Oberkopf. Bei Lannern aus dem südlichen Afrika ist die Brust violett, bei Vögeln aus dem nördlichen Verbreitungsgebiet stark gefleckt.

Eulen

Wenn die Nacht hereinbricht, lösen die Eulen die Taggreifvögel ab. Lautlos gleiten sie durch die Luft, um ihre Beute im Überraschungsangriff zu schnappen. Dabei verlassen sie sich mehr auf ihre Ohren als auf die Augen. Die meisten – aber nicht alle – Eulen sind nachtaktiv oder jagen in der Dämmerung. Das Größenspektrum reicht vom nur 40 g schweren Elfenkauz bis zum Uhu, der mehr als 4 kg wiegen kann. Tagsüber ruhen die meisten Eulen. Ihr meist dunkles Gefieder tarnt sie vor Angreifern am Tag und als Jäger in der Nacht. Bei Eulen findet man zu fast allen Jagdmethoden der Taggreifvögel eine Entsprechung. Nur Aasfresser gibt es bei Eulen nicht, denn Aas kann man nachts nicht sehen. Auch rasante Flugjäger wie die Falken sind in der Ordnung der Eulen nicht vertreten.

Schon früh können kleine Eulen ihre Nahrung ganz verschlingen, hier eine Maus.

RUFE IN DER NACHT
Schon im Winter hört man in klaren Nächten den Gesang des Waldkauzmännchens: „Huuu-hu-uuuuuu!" Auch die Rufe des Weibchens sind bekannt: „Kuit!" Der Waldkauz jagt vom Ansitz, aber auch segelnd oder rüttelnd (S.26–27). Fliegende Vögel schlägt er in der Luft, oft nachdem er sie aufgescheucht hat.

HERRSCHER DER FINSTERNIS
Das Gefieder der Eulen ist sehr weich. An der äußersten Handschwinge befindet sich eine Sägekante, die zusammen mit den weichen Federfahnen alle Fluggeräusche dämpft. Eulen fliegen nicht besonders schnell, sie verlassen sich auf den Überraschungseffekt, wenn sie lautlos herangleiten. Die größten Eulen sind die verschiedenen Uhuarten.

Bengalenuhu

Alle Federn sind sehr weich.

Die gesprenkelten Brustfedern tarnen den Uhu und halten ihn bei kaltem Wetter warm.

Befiederte Fänge

KUCKUCK RUFT'S AUS DEM WALD
Der Gesang des Kuckuckskauzes aus der australasiatischen Region erinnert an den Ruf des Kuckucks. Auch andere Eulen sind nach ihrem Gesang benannt. So gibt es einen Kläfferkauz und einen Sägekauz. Bei allen Vögeln dient der Gesang der Partnerwerbung und zur Markierung des Reviers.

Die Färbung variiert stark bei den etwa 15 Unterarten des Kuckuckskauzes.

Ein dichtes Daunenkleid hält die kleinen Eulen warm.

Schleiereulen sind nützlich: Sie jagen Ratten und Mäuse.

MIT SCHLEIER
Die neun Schleiereulenarten unterscheiden sich von allen anderen Eulen. Besonders auffällig ist der herzförmige Gesichtsschleier. Sie brüten in Kirchtürmen, Scheunen, Taubenschlägen und auf Dachböden. Der Verlust von Brutplätzen, zunehmende Gefahr durch den Straßenverkehr und kalte Winter lassen die Bestände schrumpfen.

UHUNACHWUCHS
Wenn sie das erste Ei gelegt hat, beginnt die Uhumutter mit dem Brutgeschäft. Das hat zur Folge, dass die Jungen in Abständen schlüpfen und später unterschiedlich groß sind, bis sie das Nest verlassen. Bis zur 3. Woche wärmt und füttert die Uhumutter die Kleinen, bis zur 22. Woche sorgen die Eltern gemeinsam für die Jungen.

Das weiße Gefieder tarnt die Schneeeule.

TAGEULEN
Die meisten Eulen sind nacht- oder dämmerungsaktiv. Manche Arten jagen auch tagsüber. Der arktischen Schneeeule bleibt nichts anderes übrig: Im Norden wird es im Sommer auch nachts nicht dunkel. Auch der afrikanische Perlkauz ist tagaktiv.

Nach vorn gerichtete, große Augen

Armschwingen

Handschwingen

VERTEIDIGUNG
Eulen verteidigen Nest und Junge. Waldohreulen (links) spreizen dabei die Flügel ab und heben sie über den Rücken, um größer zu erscheinen. Erfolgt die Bedrohung am Nest, greifen sie an oder „verleiten": Sie stellen sich verletzt und lassen sich torkelnd zu Boden fallen. Haben sie den Angreifer weit genug abgelenkt, fliegen sie davon. Der Perlkauz hat Augenflecke am Hinterkopf, um Angreifer abzuschrecken.

Leibgericht vieler Eulen sind Wühlmäuse wie diese.

SPEISEPLAN DER EULEN
Eulen schlucken nicht zu große Beute ganz hinunter. Die meisten Eulen jagen Ratten und Mäuse. Vor allem kleinere Arten fressen auch Insekten. Fischeulen und Fischuhus fangen Fische, der Brillenkauz neben Mäusen und Insekten auch Krebse. Der Uhu fängt Hasen und gelegentlich sogar Taggreifvögel.

Fortsetzung auf der nächsten Seite

Fortsetzung von Seite 49

Wie Eulen leben

Eulen bauen keine eigenen Nester. Sie brüten in Baumhöhlen, in Scheunen, auf Dachböden, sogar unter Brücken und in verlassenen Nestern. Der Virginia-Uhu soll sogar Greifvögel aus ihren Horsten vertreiben. Tagsüber dösen die Eulen in ihren Verstecken. Wenn Tagvögel sie entdecken, fliegen sie mit lautem Gezeter Angriffe auf den Nachtgreif. Krähen und Elstern können die Eule sogar töten. Früher hat man mit „Hüttenuhus" Greifvögel und Krähen angelockt, um sie zu schießen.

URLAUB IM SÜDEN
Die Rufe der Zwergohreule gehören zu den typischen Geräuschen einer Sommernacht im Mittelmeerraum. Im Winter zieht die Zwergohreule in das noch sonnigere tropische Afrika.

EULEN NACH ATHEN
Schon im alten Griechenland galten Eulen als „weise" Vögel. Der Steinkauz war der Vogel der Weisheitsgöttin Athene. Mitunter betrachtet man Eulen wegen ihrer nächtlichen Lebensweise auch als Unglücksboten.

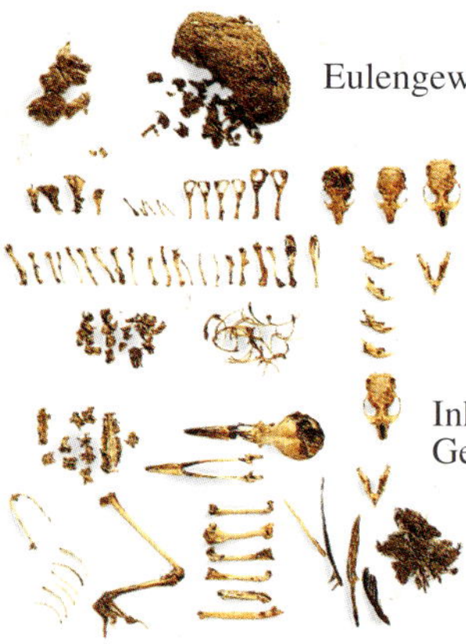

Eulengewölle

Inhalt der Gewölle

UNVERDAULICH
Wie andere Vögel würgen Eulen Gewölle aus (S.22–23). Sie verschlingen unverdauliche Teile ihrer Beute wie Fell, Federn, Knochen usw. Im Magen werden diese Reste zusammengepresst und dann wieder hochgewürgt.

MIT DEN AUGEN EINES JÄGERS
Eulen haben große Augen. Sie liegen dicht beieinander und sind nach vorn gerichtet. Eulen können räumlich sehen und sehr gut Entfernungen abschätzen (S.31), eine für das Jagen unerlässliche Fähigkeit. Das Blickfeld ist jedoch klein. Pflanzenfresser haben weit auseinander liegende Augen mit großem Blickfeld, sodass sie Feinde schnell entdecken. Räumlich sehen können sie nicht, weil sich die Blickfelder der beiden Augen nicht überschneiden.

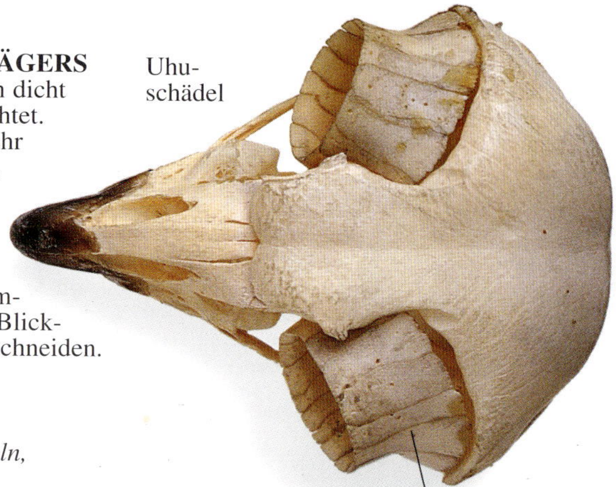

Uhuschädel

Ein knöcherner Ring (Sklerotikalring) schützt den Augapfel.

Diese Eulen können wie eine Klapperschlange rasseln, um Feinde abzuschrecken.

IM UNTERGRUND
Die meisten Eulen sind Einzelgänger, der Kaninchenkauz aber lebt in Kolonien. Kaninchenkäuze brüten in alten Erdhörnchen- oder Präriehundbauten in Nordamerika. Deren Röhren können bis zu 2,7 m tief in den Boden reichen. Bei Kaninchenkäuzen ist der Gesichtsschleier nicht sehr ausgeprägt: Sie sind tagaktiv und brauchen daher kein so feines Gehör.

Oft steht ein Kaninchenkauz auf dem Bau und hält Wache.

Der Eule reichen Gänge mit 10 cm Durchmesser.

Verhältnismäßig lange Beine

Eulensinne

Bei völliger Dunkelheit können auch Eulen nichts sehen, aber ihre Augen sind viel lichtempfindlicher als unsere. Noch besser sind ihre Ohren: Schleiereulen oder Eulen dunkler Nadelwälder fangen ihre Beute auch bei absoluter Finsternis allein nach Gehör. Bei diesen Eulen sind linke und rechte Schädelhälfte nicht genau gleich. Dadurch können sie die Richtung, aus der ein Geräusch kommt, genauer bestimmen. Die Richtung ergibt sich aus dem Zeitunterschied (bis vier Millionstel Sekunden), mit dem ein Geräusch auf das rechte bzw. linke Ohr trifft.

Der Kopf ist um 90° nach oben gedreht.

Wie diese junge Schleiereule können Eulen ihren Kopf in jede Richtung drehen.

Eulen können nicht nur nach hinten blicken, sondern den Kopf um über 360° drehen.

Waldkauz

SCHÖNER SCHLEIER
Der Gesichtsschleier der Eulen dient als Schallreflektor. Die Ränder der Ohröffnung selbst sind zu befiederten Klappen umgebildet, die das Ohr verschließen können und durch Aufrichten zu beweglichen Schalltrichtern werden, die die schwächsten Geräusche einfangen.

Die Federohren haben nichts mit dem Hören zu tun. Sie drücken Stimmungen aus.

Gesichtsschleier

Erstaunlich großer Mund hinter dem kleinen Schnabel

Greifvögel in der Geschichte

ALTE TRADITION
Das Bild zeigt einen indischen Falkner aus dem 17.Jh. Auf dem indischen Subkontinent hat die Beizjagd eine lange Geschichte. Die ältesten Zeugnisse stammen aus dem 2.Jh.n.Chr. Die Jagd mit Greifvögeln praktizierte man jedoch schon früher: In China jagte man schon im 7.Jh.v.Chr. mit Falken.

Seit jeher faszinieren Greife die Menschen. In alten Kulturen und in vielen Religionen waren sie wichtige Symbole. Der Adler, der stets als König der Vögel dargestellt wird, symbolisiert Macht, Stärke, Sieg und Stolz und steht für die Sonne, den König oder einen Himmelsgott. Eulen gelten als Vögel der Weisheit, werden wegen ihrer nächtlichen Lebensweise aber auch als Boten von Tod und Unglück betrachtet: Ihr Ruf ist ein schlechtes Vorzeichen. Bereits im Altertum ging man mit Greifvögeln auf die Jagd. In Zentralasien kennt man die Beizjagd seit 4000 Jahren. Jahrhundertelang war sie in China, Indien, dem Nahen Osten und Europa ein beliebter Zeitvertreib der Mächtigen.

Der Sarg für die Falkenmumie ähnelt den Sarkophagen für Menschen.

FALKENMUMIE
Viele ägyptische Götter assoziierte man mit Tieren: Stiere, Schakale, Falken usw. Manchmal hielt man solche Tiere als Symbole dieser Götter in Tempeln. Der Gott Horus wurde mit Falkenkopf dargestellt. Falken wurden bisweilen mumifiziert und zusammen mit Herrschern in deren Grabmälern bestattet.

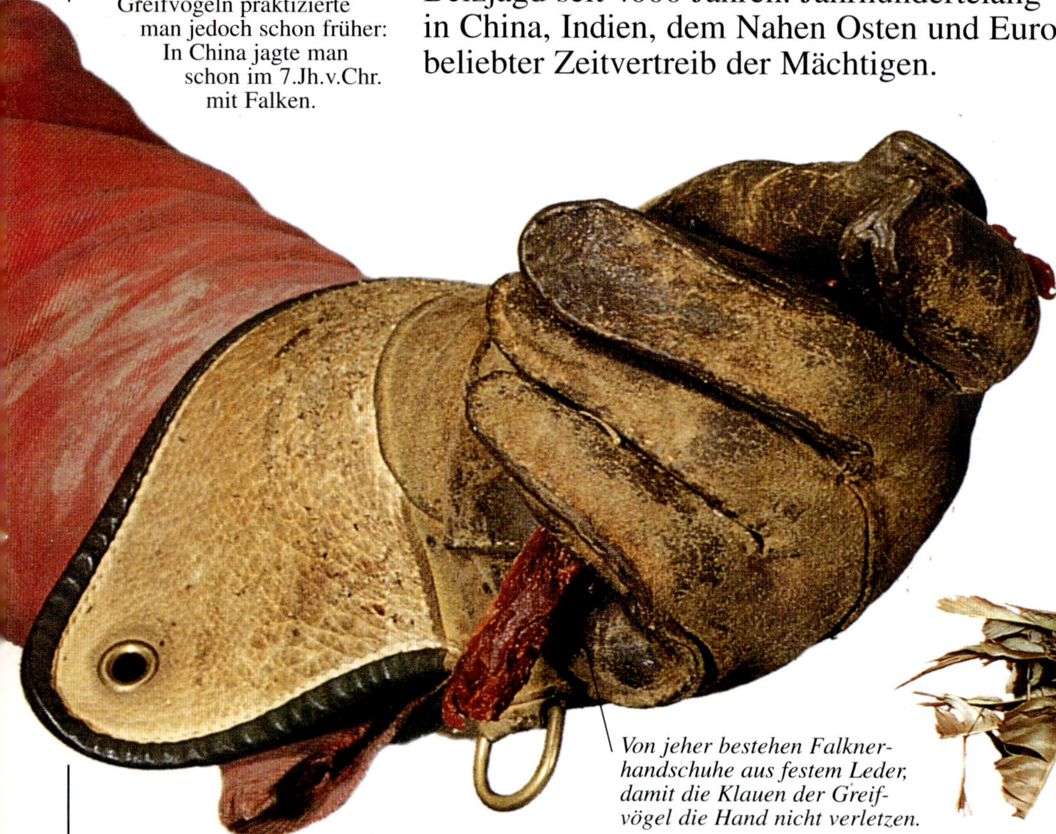

Von jeher bestehen Falknerhandschuhe aus festem Leder, damit die Klauen der Greifvögel die Hand nicht verletzen.

Adlerfedern

Das Pferd muss sich an den Anblick des Greifvogels gewöhnen.

Wilhelm führte Beizvögel nach England ein, die man dort noch nicht kannte.

BERÜHMTE FALKNER
Diese Darstellung stammt vom Teppich von Bayeux, der die Eroberung Englands im Jahr 1066 durch Wilhelm den Eroberer darstellt. Der erste englische Falkner war wahrscheinlich der sächsische König Ethelbert II. von Kent (8.Jh.). Der bekannteste Falkner war Kaiser Friedrich II., der ein berühmtes Buch über die Beizjagd verfasste.

Bemalte Gipsmaske für die Falkenmumie

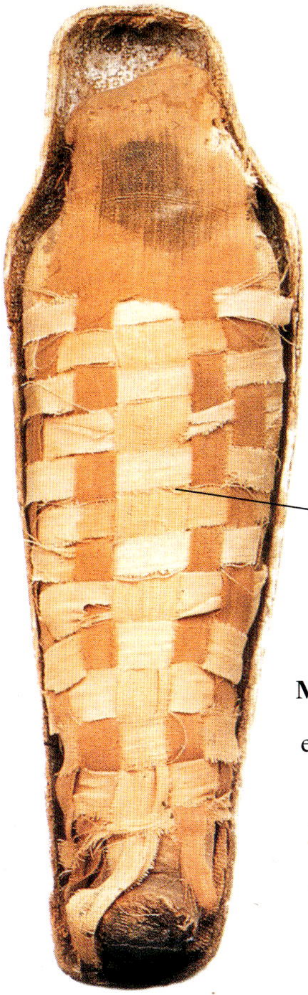

Falkenmumie

Das Amulett trug man an einem Pflock in der Unterlippe.

GREIFENSCHMUCK
Greifvögel galten schon immer als etwas Besonderes. Schmuckstücke und Statuen tragen ihre Gestalt. Die mexikanischen Mixteken, die die meisten Goldschmiedearbeiten für die Azteken schufen, stellten diesen Adlerkopf als Lippenschmuck her. Auch auf Kultgegenständen für religiöse Riten findet man Greifvogeldarstellungen.

Vor der Landung steht der Rundschwanzsperber fast senkrecht in der Luft.

Geschühriemen

Der Rundschwanzsperber hebt die Beine nach oben, um die Landung abzufedern.

MAGIE DER JAGD
Für den Falkner ist es ein erhebendes Gefühl, wenn ein Greifvogel wie dieser Rundschwanzsperber auf ihn zufliegt und auf seiner Faust landet. Seit jeher übt die Jagd mit Greifvögeln einen besonderen Reiz aus, der sich bis heute erhalten hat, obwohl die Jagd für den Lebensunterhalt längst keine Rolle mehr spielt.

GROSSER GEIST
Weißkopfseeadler und Steinadler waren für die nordamerikanischen Indianer heilige Vögel und spielen heute noch in ihren Zeremonien eine Rolle. Die Indianer sammelten Adlerfedern und verwendeten sie für Schmuck, vor allem für ihren berühmten Kopfschmuck. Diesen mit Adlerfedern geschmückten Stab schwangen die Cherokee im Rhythmus der Rasseln und Trommeln beim Adlertanz.

WÜSTENSPORT
Seit langem ist die Beizjagd in der arabischen Welt beliebt. Ursprünglich diente sie zur Sicherung des Lebensunterhalts. Man jagte Trappen und Wüstenhasen. Heute betreibt man die Jagd als Sport. Man bringt die Falken im Flugzeug ins Revier und folgt ihnen eher im Geländewagen als auf dem Kamelrücken.

Beizjagd

Ein Falkner (16.Jh.) setzt seinem Falken die Haube auf.

Früher jagte man mit Beizvögeln, um den Lebensunterhalt zu sichern. Heute ist dies anders: Die Falknerei ist ein weltweit beliebter Sport geworden. Die Spanne der Beizvögel reicht vom großen Adler bis zum winzigen Sperber. Ein Wildfang muss zuerst lernen, dass der Falkner kein Feind, sondern eine ihm wohlgesonnene Nahrungsquelle darstellt. Dann wird er „abgetragen“: Auf der mit dem Falknerhandschuh geschützten Faust gewöhnt der Falkner den Vogel an den Menschen. Außerdem lernt er, dass er Nahrung nur aus der Faust bekommt. Anschließend muss der Greif die Faust aus bis zu 100 m Entfernung anfliegen. Bei allen Übungen hindert ihn eine Langfessel an der Flucht. Hat der Greifvogel nach langem Üben seine Lektionen gelernt, kann die gemeinsame Jagd beginnen.

Das Verkappen des Falken dient als Mittel zur Konzentration auf die bevorstehende Jagd.

Wanderfalke

Das Gewicht muss stimmen.

DAS RICHTIGE GEWICHT
Das wohl wichtigste Hilfsmittel eines Falkners ist die Waage. Er kennt das beste Fluggewicht jedes Vogels und wiegt seine Vögel täglich. Ist ein Vogel zu schwer, ist er für die Jagd nicht hungrig genug. Er kann dann leicht davonfliegen. Ist er zu leicht, könnte er zu schwach oder gar krank sein. Das richtige Gewicht garantiert eine erfolgreiche Jagd und die Rückkehr des Beizvogels.

Indische Haube

Holländische Haube

Geschlossene Haube

Arabische Haube

Sender und „Bells“

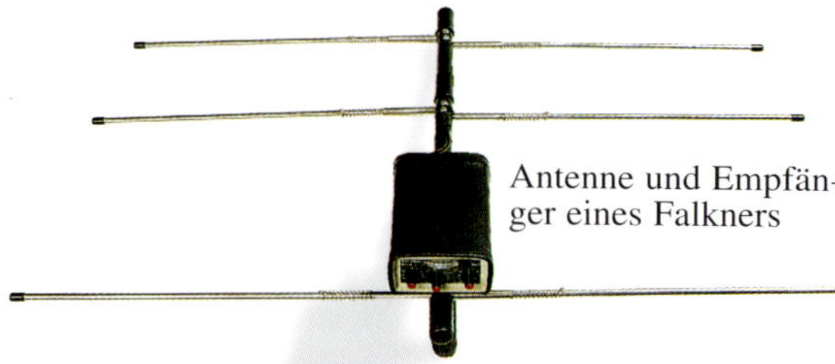

Antenne und Empfänger eines Falkners

FUNKÜBERWACHUNG
Greifvögel gehen gelegentlich verloren. Sie tragen an den Fängen Glöckchen („Bells“), damit man sie leichter findet. Heute kann man sie auch telemetrisch verfolgen. Vor dem Flug legt man ihnen einen kleinen Sender (links) an. Dieser funkt akustische Signale, die man mit einem Empfänger (oben) in bis zu 25 km Entfernung empfangen kann. Meist beträgt die Reichweite allerdings nur 6 km, weil Hügel und Wälder die Signalübertragung stören.

Langfessel wird vor dem Flug abgenommen.

Der Falkner bindet den Knoten nur mit der rechten Hand, auf der linken trägt er den Vogel.

Geschühriemen bleibt am Fang.

Habichtdrahle

Alte Messingdrahle

Habicht- und Falkendrahle

Sperberdrahle

GESCHÜH
Der abgerichtete Beizvogel trägt ein Geschüh. Es besteht aus Lederriemen an den Fängen. Wie das Halsband eines Hunds erleichtert es dem Falkner die Kontrolle über den Vogel. Am Geschühriemen wird über eine Drahle die Langfessel befestigt. Sie gibt dem Vogel etwas mehr Bewegungsfreiheit. Die Drahle verhindert, dass sich die Fessel verheddert. Vor allem, wenn der Vogel auf einer Jule (Sitzgerät) abgesetzt wird, trägt er eine Langfessel.

Falknertasche mit Fächern für Atzung und Gerätschaften

Ersatzriemen

Ausgestopftes Kaninchen- oder Hasenfell zum Anlocken von Habichten und Adlern

Stab zum Aufwickeln

Falknerhandschuh

Federspiel mit Atzung (Fleisch)

Federspiel

Helmbusch dient als Griff beim Aufsetzen oder Abnehmen der Haube.

Die Langfessel sollte man sorgfältig aufwickeln, damit sich der Vogel nicht verfängt, wenn er springt oder abfliegt.

Die Falknertasche hängt am Gürtel.

Rechtshänder tragen den Falken links, Linkshänder rechts.

FALKNER
Falkner brauchen eine lange Ausbildung. Ein Fehler kann zum Verlust oder gar Tod des Vogels führen. Der Beizvogel muss jeden Tag geflogen werden, außer vielleicht während der Mauser. Ein erfahrener Falkner kann einen Falken oder Bussard in zwei oder drei, einen Adler in sechs Wochen an freies Wild bringen. Natürlich muss der Vogel dann immer noch viel lernen.

Lockschnur

Kaninchenbein

Größere Atzung erregt Aufmerksamkeit, kleinere dient als Belohnung.

Messer

Zange

Fleischbröckchen

Inhalt einer Falknertasche

Um die ganze Welt

Der Affenadler, einer der größten Adler, hat einen sehr hohen, schlanken Schnabel.

ADLER IN NOT
Der Affenadler ist mit etwa 200 Exemplaren einer der seltensten Adler. Die Regenwälder, sein Lebensraum, verschwinden schnell. Mit einem Zuchtprogramm versucht man den Bestand zu vergrößern. Dennoch ist er durch die fortgesetzte Zerstörung seines Lebensraums weiterhin vom Aussterben bedroht.

Von 35 europäischen Greifvogelarten gelten 16 als reine Zugvögel. Bei den anderen Arten wandern die nördlichen und östlichen Populationen, während die westlichen als Standvögel ihre Heimat nicht verlassen. Durch den Vogelzug entgehen die Vögel dem kalten Winter, den kurzen Tagen und dem Nahrungsmangel. An den langen Sommertagen im Norden finden sie dagegen reichlich Nahrung für die Aufzucht der Jungen. Während des Vogelzugs drohen Gefahren. Schlechtes Wetter ist eine ständige Bedrohung, außerdem werden jährlich Hunderttausende von Greifvögeln abgeschossen, wobei die Schützen dies oft nicht zur Sicherung ihres Lebensunterhalts, sondern zum Spaß tun. Die schlimmsten Bedrohungen jedoch sind Lebensraumzerstörung und Umweltverschmutzung. Mit der Vernichtung der großen Wälder dieser Erde verlieren viele Greifvögel ihren Lebensraum und geraten an den Rand des Aussterbens.

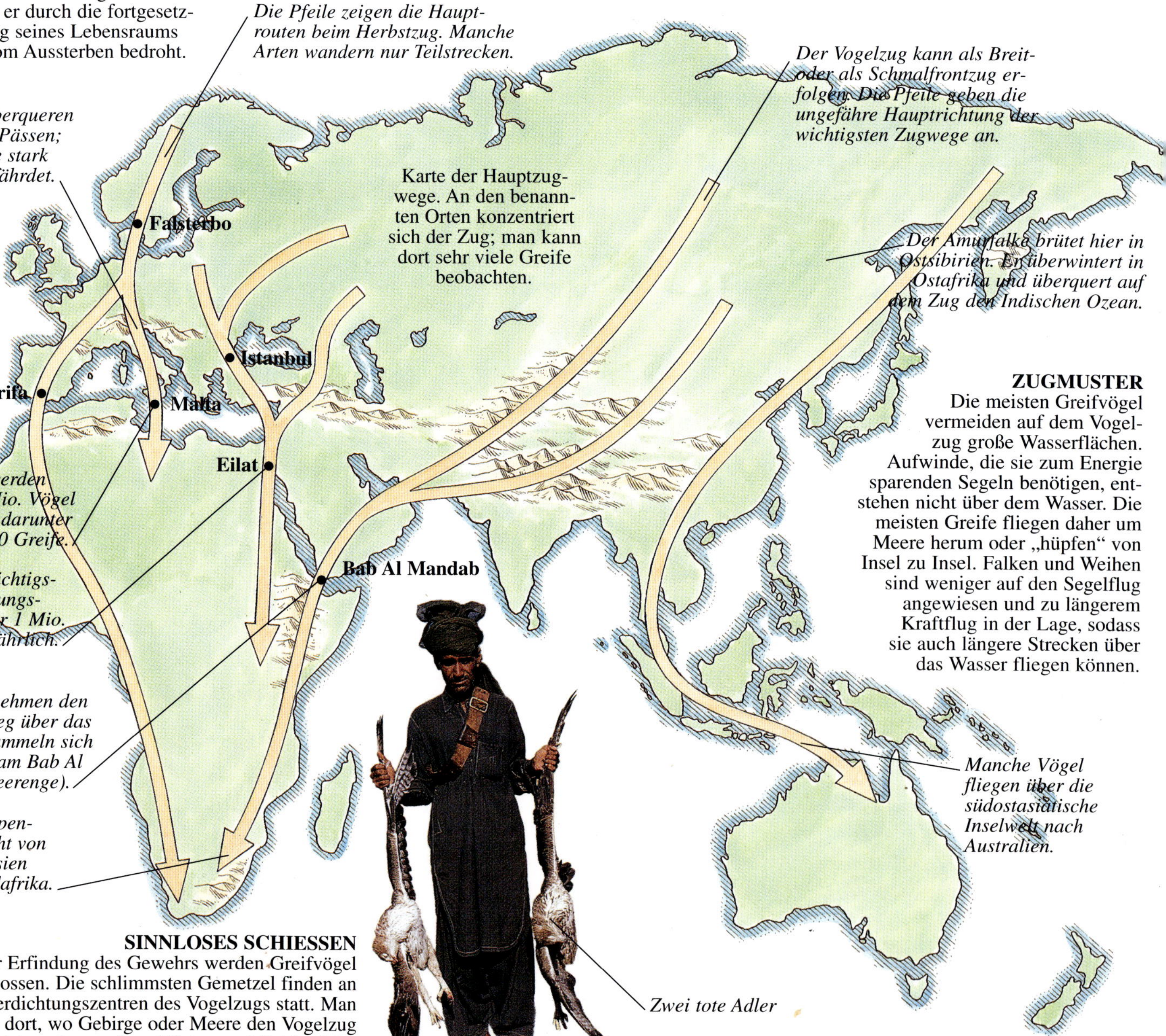

Karte der Hauptzugwege. An den benannten Orten konzentriert sich der Zug; man kann dort sehr viele Greife beobachten.

Die Pfeile zeigen die Hauptrouten beim Herbstzug. Manche Arten wandern nur Teilstrecken.

Der Vogelzug kann als Breit- oder als Schmalfrontzug erfolgen. Die Pfeile geben die ungefähre Hauptrichtung der wichtigsten Zugwege an.

Zugvögel überqueren Gebirge an Pässen; dort sind sie stark abschussgefährdet.

Der Amurfalke brütet hier in Ostsibirien. Er überwintert in Ostafrika und überquert auf dem Zug den Indischen Ozean.

Auf Malta werden jährlich 5 Mio. Vögel geschossen, darunter über 100 000 Greife.

Eines der wichtigsten Verdichtungszentren: über 1 Mio. Greifvögel jährlich.

Greifvögel nehmen den kürzesten Weg über das Meer und sammeln sich daher auch am Bab Al Mandab (Meerenge).

Der Steppenadler zieht von Zentralasien nach Südafrika.

Manche Vögel fliegen über die südostasiatische Inselwelt nach Australien.

ZUGMUSTER
Die meisten Greifvögel vermeiden auf dem Vogelzug große Wasserflächen. Aufwinde, die sie zum Energie sparenden Segeln benötigen, entstehen nicht über dem Wasser. Die meisten Greife fliegen daher um Meere herum oder „hüpfen" von Insel zu Insel. Falken und Weihen sind weniger auf den Segelflug angewiesen und zu längerem Kraftflug in der Lage, sodass sie auch längere Strecken über das Wasser fliegen können.

Zwei tote Adler

SINNLOSES SCHIESSEN
Seit der Erfindung des Gewehrs werden Greifvögel geschossen. Die schlimmsten Gemetzel finden an den Verdichtungszentren des Vogelzugs statt. Man findet sie dort, wo Gebirge oder Meere den Vogelzug verdichten, aber auch an Küsten und Gebirgshängen, denen die Vögel wegen der Aufwinde folgen.

Nordische Habichte ziehen im Winter, wenn die Nahrung knapp wird, nach Süden.

Im Flug biegen die Luftströmungen die Handschwingen nach oben.

BLEIBEN ODER ZIEHEN?
Manche Vogelarten verlassen ihr Brutgebiet nur in sehr kalten Wintern, andere streichen nur in einem begrenzten Gebiet umher und bei wieder anderen zieht nur ein Teil der Population nach Süden. Man nennt sie Teilzieher. Habicht (oben), Sperber und Bussard gehören zu den Teilziehern. Oft bleiben die Altvögel in ihren Revieren, während die Jungen ein Stück nach Süden fliegen.

Der Steppenadler fliegt in jedem Herbst 13.000 km.

WEITER WEG
Steppenadler ziehen jeden Herbst aus den zentralasiatischen Steppen nach Südafrika. Auch der Amurfalke ist ein Langstreckenzieher. Er fliegt von Nordchina nach Ostafrika und überquert dabei den Indischen Ozean.

Amerikanische Zugvögel folgen der Küste oder Gebirgshängen; an beiden entstehen Aufwinde für den Kraft sparenden Segelflug.

Guter Ort zur Greifvogelbeobachtung: Über 2,5 Mio. Greife fliegen in jeder Saison hier vorüber.

Die Vögel folgen eher der wärmeren Küste als den kalten Hängen der Anden.

Bis nach Patagonien wandern nur wenige Arten.

SCHÜTZEN STATT SCHIESSEN
Der Hawk Mountain in Pennsylvania, USA, ist ein Verdichtungszentrum des Greifvogelzugs. Früher hat man von hier aus die Vögel geschossen, 1934 kauften Naturschützer das Gebiet und machten es zum ersten Greifvogelschutzgebiet. Außerdem führten sie die jährlichen Greifvogelzählungen ein, die seither weltweit üblich sind.

Der Ring trägt eine Kennnummer und den Namen der ausgebenden Vogelwarte, sodass der Zugweg nach dem Wiederfund verfolgt werden kann.

VOGELBERINGUNG
Durch Vogelberingung erforscht man Flugrouten und Winterquartiere der Zugvögel. Man kann die Nestlinge beringen oder ältere Vögel fangen, beringen und wieder freilassen. Werden die Vögel erneut gefangen oder tot gefunden, muss man den Ring oder seine Nummer an die Vogelwarte schicken. Heute versieht man Vögel mit kleinen Sendern und verfolgt die Flugroute über Satellit.

VERBRANNTE HEIMAT
Die Regenwälder der Erde werden mit rasanter Geschwindigkeit zerstört und mit ihnen die Lebensräume zahlreicher Greifvögel. Diese Lebensraumvernichtung stellt die schlimmste Bedrohung für die Greifvögel dar. Zahlreiche Arten wie der Madagaskarseeadler stehen kurz vor dem Aussterben. Die zweitgrößte Gefahr geht von der Umweltverschmutzung aus. Besonders DDT und andere Langzeitgifte wirken sich verheerend aus.

Rekorde

SUPERSCHNELL
Gerfalken gehören zu den schnellsten Vögeln. Aus dem Suchflug stürzen sie sich mit hoher Geschwindigkeit auf ihre Beute. Nach bisherigen Messungen übertrifft sie nur noch der Wanderfalke.

Der schnellste Vogel, der Vogel mit der größten Flügelfläche, der Vogel, der die größte Beute schlägt – sie alle gehören zu den Greifen. Fossil sind noch weitere „Rekordvögel“ erhalten. In Argentinien fand man Knochen eines vorgeschichtlichen, kondorähnlichen Vogels mit einer Flügelspannweite von 8 m. Auf Neuseeland gab es einen Adler, der um ein Drittel größer war als der größte aller derzeit lebenden Greifvögel. Er starb erst im Lauf der letzten tausend Jahre aus. Auf Grund der Eingriffe des Menschen in die Natur könnte dieses Schicksal auch bald vielen heutigen Greifen drohen. Greifvögel sind empfindliche Bioindikatoren: Wenn ihre Bestände auf Grund von Umweltveränderungen zurückgehen, könnten deren Auswirkungen irgendwann auch für den Menschen gefährlich werden.

HOCH, HÖHER ...
Die meisten Vögel fliegen nicht sehr hoch, sie bleiben in der Nähe der Beute. Einige allerdings steigen auf dem Vogelzug hoch hinauf. Breitflügelbussarde erreichen 5000 bis 6400 m Höhe. Ein Sperbergeier (oben) stieß in 10.000 m Höhe über Westafrika mit einem Flugzeug zusammen. Zugvögel sind Sperbergeier aber nicht.

Im Sturzflug legen Falken die Flügel noch weiter an.

WIE DER BLITZ
Im Jagdflug sind Falken schneller als andere Vögel. Der Wanderfalke (links) gilt als der schnellste Vogel. Die Angaben über seine Spitzengeschwindigkeit gehen auseinander: Der Höchstwert variiert zwischen 220 und 350 km/h.

LEBT ÜBERALL, FRISST ALLES
Der Schwarzmilan ist wohl der häufigste Greifvogel der Welt. Er frisst fast alles, von Fisch bis zu Nahrungsresten im Müll. Außerdem sucht er als Kulturfolger die Nähe des Menschen. Auch Buntfalke und Turmfalke sind Kulturfolger, ebenso Raben- und Schmutzgeier. Diese vier Arten sind ebenfalls häufig vorkommende Greife.

Der Schwanz des Schwarzmilans ist nur schwach gegabelt.

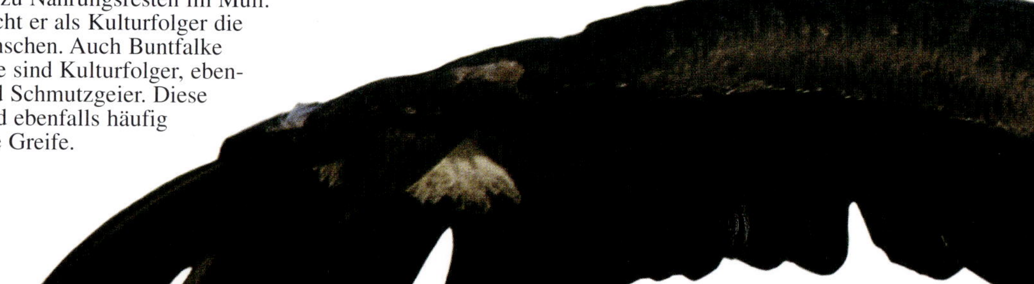

Der Labrador veranschaulicht die enorme Flügelspanne des Kondors.

GIGANTEN DER LÜFTE
Die Flügelspanne des Andenkondors (3 m) übertrifft nur der Wanderalbatros (3,63 m). Weil seine Flügel breiter sind, hat der Kondor die größte Flügelfläche. Die großen Flügel tragen den bis zu 13,5 kg schweren Vogel durch die Luft. Der Kondor erreicht vermutlich das höchste Alter von allen Greifen: Ein erwachsener (also mindestens fünfjähriger) Kondor kam 1892 in den Zoo von Moskau, wo er 1964 starb. Er war also mindestens 77 Jahre alt geworden. In freier Wildbahn würde kein Vogel dieses Alter erreichen. Da aber die Lebenserwartung mit der Körpergröße zunimmt, könnte der Kondor als größter Greif auch am ältesten werden.

Kleine Vögel haben einen verhältnismäßig großen Kopf und große Augen und sehen deshalb „niedlich“ aus.

ZWERGENGREIF
Die kleinsten Greifvögel sind die sieben Zwergfalkenarten. Trotz ihrer geringen Größe weisen sie alle Falkenmerkmale auf. Sie jagen Insekten, Eidechsen und sogar Vögel, die fast so groß sind wie sie selbst. Der Halsband-Zwergfalke (oben) lebt in Afrika. Um den Ruf des allerkleinsten Greifs konkurrieren das malaiische Finkenfälkchen (28–55 g und 14–17 cm) und das Weißscheitelfälkchen (S.11).

Eine Schönheit ist der Kalifornische Kondor nicht.

TRAURIGER REKORD
Gegenwärtig ist der Kalifornische Kondor der wahrscheinlich seltenste Greif der Welt. Bis in die 80-er Jahre dezimierten Jagd, Lebensraumzerstörung, Bleivergiftung und andere Ursachen die Art auf nur noch 27 Exemplare. Die letzten frei lebenden Kondore fing man zu ihrer eigenen Sicherheit ein. Glücklicherweise vermehren sie sich in Gefangenschaft, sodass man heute versuchen kann, sie wieder anzusiedeln.

Als Waldadler hat die Harpyie verhältnismäßig kurze, gerundete Flügel und einen langen Schwanz.

TÖDLICHE KLAUEN
Harpyien gelten als die stärksten Greife. Sie leben in den Regenwäldern Südamerikas und schlagen Beute bis zur Größe von Faultieren und Affen. Die Klauen der weiblichen Harpyie erreichen eine Spanne von 20–23 cm. Die Klaue der ersten Zehe ist mit 9 cm Länge größer als die des Grizzlybären.

Kaiseradler genießen besonderen Schutz, sterben aber vielleicht dennoch aus.

Die weißen Schultern unterscheiden den Kaiseradler vom häufigeren Steinadler.

RÄUBER IN GEFAHR
Viele Greifvogelarten sind gefährdet. Eine davon ist die spanische Unterart des Kaiseradlers (oben). Die Population umfasst nur noch etwa 150 Brutpaare. Zu ihrem Rückgang führten Vergiftung, Abnahme der Kaninchenbestände und Unfälle an Überlandleitungen. Mit einem Zuchtprogramm versucht man den Kaiseradler zu retten. Weltweit sind Greifvögel durch die Zerstörung ihrer Lebensräume gefährdet. Dies gilt ganz besonders für Inseln, wo die Populationen ohnehin nicht groß sind und sehr schnell an den Rand des Aussterbens kommen.

Der Vogel kann den nackten Hals in die Federkrause zurückziehen.

Auf ebenem Boden muss der Andenkondor zum Start Anlauf nehmen. Er startet am liebsten von Klippen oder läuft bergab.

Der Andenkondor hat die größten Handschwingen der Welt

Register

Bildnachweis

o=oben, u=unten, m=Mitte, l=links, r=rechts

Ardea, London: Eric Dragesco 24ol; British Museum: Vordereinband ol, Rückeinband ol, 50or, 52or/53ol; Bruce Coleman Collection: Jane Burton 49ul, Raimund Cramm 38ul, Peter Davey 58or, Francisco J. Erize 12um, Pekka Helo 43or, Gordon Langsbury 36ol, Mary Plage 27ol, Marie Read 44mru, N. Schwiatz 34ml, Uwe Walz 42ur, Joseph Van Warmer 59ol, Staffan Widstrand 16ur, Rod Williams 13ol; Cornell Laboratory of Ornithology, New York: L. Page Brown 38ol; Dover Publications: 10mr, 13ml, 32ol, 34m, 58ol; Mary Evans Picture Library: 40ol, 42ol, 43ml, 45or, 46or, 53ur, 54ol, Rückeinband mr; Frank Lane Picture Agency: John Hawkins 39um, E. & D. Hosking 56um, Alan Parker 47or; Giraudon, Paris: 27mu, mit besonderer Genehmigung der Stadt Bayeux 52ul, 52ol; Robert Harding Picture Library: Photri inc. 36mr; Hawk Mountain Sanctuary Association/PA, USA: Wendy Scott 57mr; Peter Newark's Pictures: 42mlu. NHPA: Martin Wendler 57ur, Alan Williams 58mr; Jemima Parry-Jones: 11ol, 38um, 40ol, 45mru, 58ur, Miguel Lopez 41ol; Planet Earth: D. Robert Franz 37ol, Nick Garbutt 47ml, William S. Paton 47ol, David A. Ponton 10ml, Mike Read 49or, Ronald S. Rogoff 43om, Johnathan Scott 44om, 44mlu, Anup Shah 58ml; Kati Poynor: 35ol; RSPB: M.W. Richards 36ul; Frank Spooner Pictures: Gamma / F. Soir 57ul. Michael Zabé: 53om

Zusätzliche Fotos: Steve Gorton, Alex Wilson, C. Laubscher
Zeichnungen: Bill Le Fever, Gilly Newman, John Woodcock

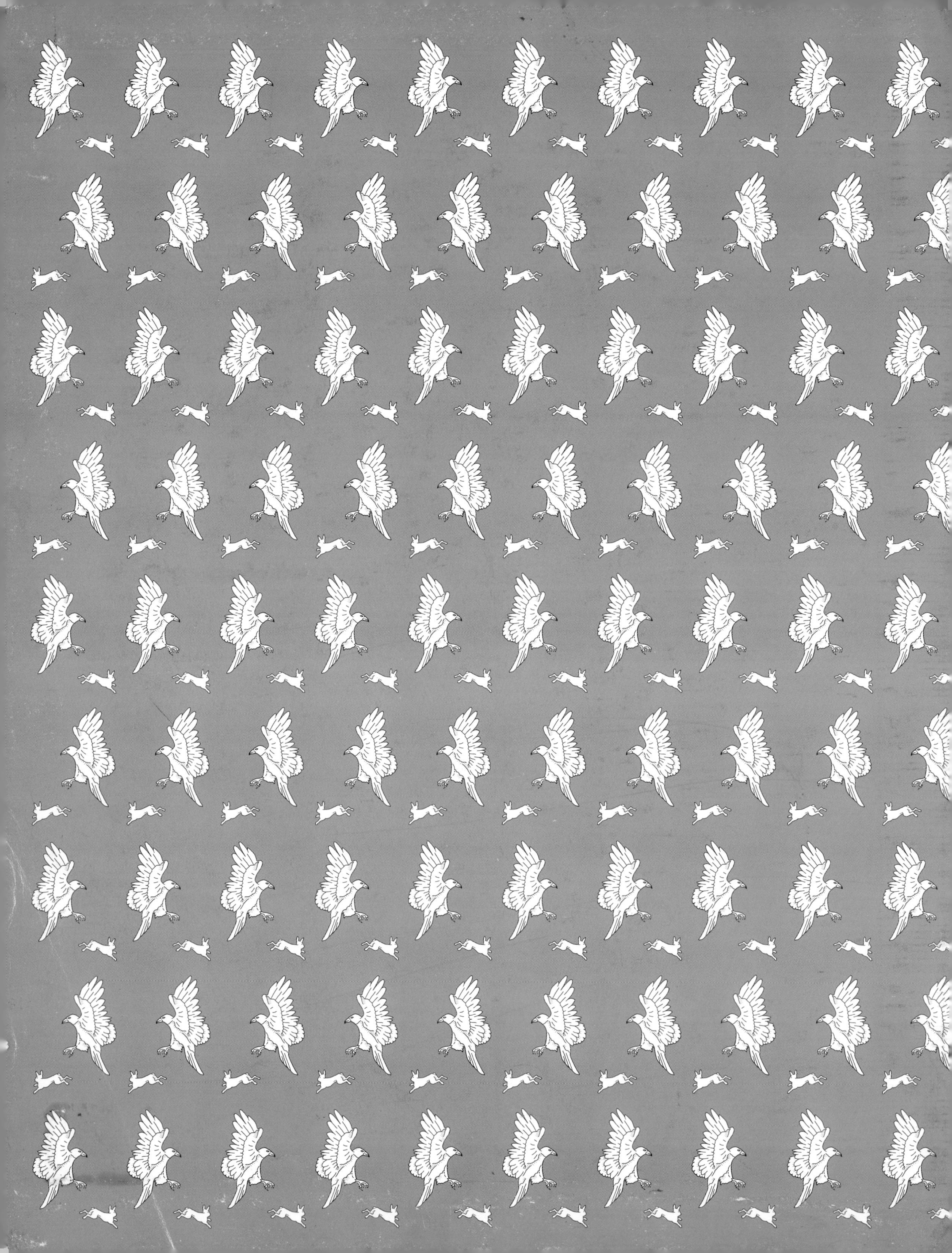